2040년이 보이는
미래 사회 설명서 3

2040년이 보이는 미래 사회 설명서

한국미래전략연구소W 김지원 지음

가상현실 시대의 법과 정치

3

다른

우리 모두는 멋진 미래 연구자

'인간은 사회적 동물'이라는 말을 들어 보았나요? 이 말이 뜻하는 것처럼 우리는 결코 혼자서 살아갈 수 없습니다. 우리는 부모님을 통해 이 세상에 태어나면서부터 다양한 인간관계를 맺습니다. 가족, 친구, 선생님, 이웃, 넓게는 한 나라와 세계라는 울타리 안에서 살아가고 있습니다. 여러분이 좋아하는 스마트폰, 자동차, 옷 등의 일상적인 물건들도 여러 사람의 합작품입니다. 세계 곳곳에서 일하는 다양한 사람의 손과 기술을 거쳐 만들어졌습니다.

BTS를 비롯한 K-POP 가수들과 한류 문화가 세계적인 인기를 얻는 것을 보면 정말 짜릿하죠? 세상에 존재하는 다양한 인종과 국가, 문화는 점점 더 교류의 범위를 넓히고 있습니다. 지금은 교통과 통신의 발달로 세계 어디든 오갈 수 있고 온라인으로 지구 반대편의 사람과도 옆집 사람처럼 소통할 수 있습니다. 이처럼 우리가 살아가는 사회의 크기는 과거에 비해 매우 넓어졌고, 앞으로 더욱더 넓어질 것입니다. 어쩌면 미래에는 신체적 한계와 시간, 장소 등의 물리적 제약을 극복하게 해주는 가상현실에서의 삶이 현실보다 더 중요해질지도 모릅니다.

4차 산업혁명 시대에 접어들면서 우리 사회는 더욱 급격하게 변화하고 있습니다. 우리가 속한 사회, 살고 있는 나라, 지구의 미래는 앞으로 어떻게 달라질까요? 여러분이 어른이 되었을 때 세상이 어떤 모습일지 생각해 본 적이 있나요? 우리 주변과 세상에서 일어나는 다양한 변화에 촉각을 곤두세우고 관찰하는 것은 미래를 알아가기 위한 첫걸음이라 할 수 있습니다.

미래의 세상은 지금과는 어떻게 달라져 있을까요? 미래를 상상해 보라고 하면 사람들은 어렸을 때 그린 그림처럼 과학기술이 고도로 발전한 세상을 주로 떠올립니다. 물론 과학기술은 앞으로도 계속해서 발전할 것입니다. 특히 빅데이터와 인공지능, 사물인터넷 등 첨단 과학기술이 우리 일상에 깊게 스며들 것을 생각하면 충분히 가능성 있는 미래입니다.

그런데 우리의 삶은 과학기술뿐 아니라 매우 복잡하고 다양한 요소가 복합적으로 작용해서 만들어집니다. 예를 들어 유전자를 잘라내고 편집하는 유전자 가위 기술은 인간이 아직 정복하지 못한 불치병과 장애를 치료하고 전염병을 예방하는 데 획기적인 역할을 할 수 있습니다. 하지만 유전자 조작은 윤리적 논란을 불러일으킵니다. 유전자와 세포를 자유자재로 바꿀 수 있다면 과연 미래의 생명은 있는 그대로 존중받을 수 있을까요? 과학기술은 인류의 실험과 도전을 통해 계속 발전하겠지만 인류에게는 이 기술이 어떤 영향을 미칠지 예측하고 논의하는 과정이 필요합니다. 새로운 과학기술이 부작용을 낳지 않으려면 그 기술을 어느 범위까지 사용할지 전문가들의 의견과 여론을 반영해 구체적인 법안과 규제를 만들어야 합니다. 이처럼 기술적으로는 충분히 가능한 일들도 실질적인 적용은 인류가 추구하는 질서와 법 안에서 이루어집니다.

미래 사회에 인류가 평화롭고 행복한 삶을 누리려면 어떤 노력이 필요할까요? 《2040년이 보이는 미래 사회 설명서 3: 가상현실 시대의 법과 정치》는 미래 사회에 필요한 법과 제도적 노력을 생각해 보는 책입니다. 1부 '평등과 다양성'은 인류의 평등과 존엄성을 지키기 위한 여러 제도를, 2부 '보건과 복지'는 전 세계 누구나 건강한 삶을 살아가기 위해 필요한 것들을, 3부 '법과 정치'는 전 세계에 만연한 갈등과 전쟁을 막고 평화를 지키기 위한 다양한 방안을 다룹니다. 미래를 예측하기 위해서는 과거에 어떤 일이 있었는지, 그리고 지금 세상이 어떤 방향으로 변화하고 있는지 구체적으로 파악하는 것이 중요합니다. 이 책에서는 그간 인류가 걸어온 길과 현재 국제 사회에서 일어나고 있는 다양한 상황과 문제를 정리했습니다.

각 장에서 가장 먼저 등장하는 미래 뉴스는 현재 세계에서 벌어지고 있는 여러 사건과 현상을 바탕으로 수십 년 후 미래를 예측해 뉴스 형식으로 구성한 것입니다. 물론 이는 고정된 미래가 아닙니다. 여러분도 얼마든지 미래를 자유롭게 상상해 볼 수 있습니다. 누구도 미래를 정확히 알 수는 없지만 다양한 미래의 모습은 얼마든지 그려 볼 수 있으니까요. 더 나아가 세상이 어떤 방향으로 바뀌었으면 하는지 자신만의 생각을 정리해 미래를 주도적으로 만들어 갈 수 있다면 여러분은 이미 멋진 미래 연구자입니다.

이 책을 읽는 청소년 여러분은 똑같이 반복되는 일상과 학업으로 때로 답답함을 느낄 때가 있을 것입니다. 하지만 상상은 시간과 공간의 제약 없이 마음껏 펼칠 수 있는, 두뇌가 우리에게 주는 선물입니다. 여러분 모두 이 선물을 마음껏 활용하기를 바랍니다. 제가 처음 미래를 상상하며 느꼈던 새로움과 설렘이 이 책을 읽는 여러분에게도 전달되기를, 앞으로 여러분이 어른이 되어 이끌어 갈 멋진 미래를 저도 체험할 수 있기를 기대합니다.

2020년 6월 김지원

차례

2부 보건과 복지

3부 법과 정치

1부

평등과 다양성

미래에는 차별 없는 세상이 만들어질까?

2037년 5월 10일　　　　　　　　　다른일보 이미래 기자

혼혈이 아니라서 서러워요

최근 서울의 한 초등학교에는 '혼혈이 아니라서 무시받는 다'며 학교생활의 어려움을 호소하는 학생이 많아지고 있다. 이 학교는 전교생의 72퍼센트가 외국인이거나 혼혈 아동이다. 부모가 순수 한국인인 아이들은 교우 관계에 어려움을 겪고 있다. 한국적인 외모를 가졌다고 친구들에게 '어글리 코리안'이라고 놀림을 받거나 따돌림을 당하기도 한다. 또한 원어민이 가르치는 외국어 수업은 한국어가 모국어인 학생들에게는 따라가기 어려울 정도로 수준이 높다. 과거 다문화 가정 자녀를 배려하기 위해 만든 수행평가 가산점 제도는 오히려 역차별을 만들어 내고 있다고 한국인 부모들이 항의하고 있다.

　학교 측은 "외국인과 다문화 가정을 위해 만들어진 특수 학교이기에 어쩔 수 없는 어려움이 있다. 학생들을 대상으로 인성 교육을 실시해 교우 관계에서 일어나는 갈등을 줄

일 계획이다. 또한 가산점 제도를 폐지하는 것도 교육청에 건의했다"라고 답했다. 교육청은 "차별방지대책위원회를 꾸리고 담당자를 해당 학교에 파견해 사태를 자세히 파악하고 있다. 상담과 교육으로 학생 간 갈등을 해결하겠다. 또한 학교를 옮기길 원하는 한국인 학생들을 파악해 전학 절차를 안내하겠다"라고 밝혔다.

인종차별은
언제부터 있었을까?

차별은 인종이나 문화, 성별, 신체, 종교 등 다양한 이유로 일어납니다. 가족이나 학교, 동네 등 우리와 가까운 곳에서도 일어납니다. 누군가를 작정하고 차별하는 사람도 있지만, 우리는 자신도 모르는 사이에 상대방을 편견 어린 시선으로 바라보며 의도치 않게 차별하기도 합니다.

차별은 인류의 역사에 뿌리 깊게 자리하고 있습니다. 대표적으로 미국의 노예제도가 있어요. 1800년대 미국 남부에서는 목화 산업이 크게 발달하면서 일손이 부족해졌습니다. 농장 주인들이 아프리카에서 노예를 헐값에 사오기 시작했고, 노예 상인들은 흑인들을 사냥하듯 잡아서 넘겼죠. 1865년 남북전쟁 때 북군이 승리하면서 노예제도가 공식적으로는 폐지되었지만 흑인을 노예로 부리는 백인들의 문화는 쉽게 달라지지 않았습니다. 미국의 흑인들은 박해를 받으면서도 인종차별에 반대하는 운동을 계속했어요. 마틴 루서 킹Martin Luther King 같은 지도자를 필두로 1963년 워싱턴 대행진을 비롯한 수많은 사회운동을 펼치며 '흑인과 백인은 평등하다'고 설파했습니다. 그 결과 많은 부분에서 차별이 사라졌고 2007년에는 버락 오바마가 미국 최초의 흑인 대통령으로 당선되기도 했죠.

아프리카 남부의 남아프리카공화국에는 아파르트헤이트apartheid

라는 뿌리 깊은 인종차별 정책이 있었습니다. 모든 사람을 인종 등급으로 나누어 인종에 따라 사는 곳과 이동할 수 있는 곳을 제한했습니다. 남아프리카공화국의 차별 정책은 평등을 주장하는 세계 곳곳의 지성인들에게 큰 비난을 받았습니다. 1994년 남아프리카공화국 최초의 흑인 대통령인 넬슨 만델라Nelson Mandela가 당선되어 흑백 연합정부가 수립되고 나서야 비로소 아파르트헤이트는 완전히 폐지되었습니다. 그러나 남아프리카공화국에 아직도 뿌리 깊게 박혀 있는 인종차별 의식은 여전히 해결해야 할 국가적 과제입니다.

또 하나의 대표적인 인종차별 사례는 제2차 세계대전을 일으킨 히틀러와 그를 따르던 독일 나치스의 유대인 탄압입니다. 제1차 세계대전에서 패한 후 좌절감에 빠진 독일 국민에게 히틀러는 그들이 속한 게르만 민족이 세상에서 가장 우월하다는 게르만 민족주의를 펼쳤습니다. 그리고 유대인을 열등한 민족으로 보고 배척하는 반유대주의를 주장하며 잔혹한 학살과 탄압을 시작합니다. 이를 홀로코스트Holocaust라고 부릅니다. 당시 유럽에 거주하던 유대인 937만 5,000여 명 중 63.4퍼센트인 594만 9,000여 명이 학살되었습니다. 잘못된 정치적 신념이 얼마나 큰 비극을 초래하는지 확인할 수 있습니다.

미래에는 차별이
사라질 수 있을까?

축구 팬이라면 2018년 러시아 월드컵의 우승팀을 기억할 것입니다. 프랑스 대표팀이 우승을 차지했죠. 갑자기 왜 축구 얘기냐고요? 이날 환호하는 프랑스 축구 대표팀 선수들을 보며 인종차별이 언젠가 완전히 사라지지 않을까 하는 새로운 기대를 품을 수 있었거든요. 프랑스를 우승으로 이끄는 데 큰 공을 세운 킬리안 음바페Kylian Mbappe 선수는 카메룬과 알제리 출신 이민자 부모에게서 태어난 이민 2세입니다. 음바페뿐 아니라 프랑스 대표팀 23명 중 과반수인 17명이 중동과 아프리카에서 온 이민자입니다. 포르투갈 혈통의 공격수 앙투안 그리즈만Antonine Griezmann은 우승 비결을 묻는 기자에게 '문화적 다양성'이라 답하며 "이것이 우리가 사랑하는 프랑스입니다"라고 자랑스럽게 얘기했습니다. 3위를 차지한 벨기에, 4위의 잉글랜드 대표팀도 다양한 문화권에서 온 선수들로 구성되었습니다. 오직 실력만을 평가해 선수를 뽑는다면 얼마든지 다양한 인종이 한 팀이 될 수 있는 것입니다. 어쩌면 멀지 않은 미래에 대한민국 축구 대표팀에도 다문화 가정에서 태어났거나 아예 다른 인종의 선수가 많이 선발될지도 모릅니다.

　세계 각국에서는 인종차별을 없애기 위해 제도적으로 많은 노력을 하고 있습니다. 네덜란드는 유럽 국가 중 다문화 가족 비율이 가

프랑스 축구 대표팀을 월드컵 우승으로 이끈 킬리안 음바페 선수는 카메룬과 알제리 출신 부모에게서 태어난 이민 2세입니다. © Alizada Studios

장 높습니다. 인도네시아, 터키, 모로코 등에서 온 이민자가 340만 명 정도로 추정됩니다. 그리고 네덜란드로 온 이민자의 30퍼센트가 대도시에 살면서 주로 3D업종에 종사하고 있습니다.

네덜란드 교육청은 이주민 학생이 입학하는 경우 전담 교사를 배치해 공동체에 쉽게 적응할 수 있도록 도와줍니다. 프랑스 정부는 이민자들을 위한 교육 센터를 곳곳에 세웠습니다. 이주민과 그 자녀들은 교육 센터에서 프랑스어를 배울 수 있고 다양한 프랑스 문화를 체험할 수 있습니다. 그밖에도 독일, 캐나다, 호주 등 많은 국가가 우리나라보다 앞서 다문화 정책을 시행해 왔습니다. 선진국에서는 출산율이 떨어지고 고령화사회로 접어들면서 노동인구가 줄어드는 문제를 겪는데 값싼 노동력의 이민자들이 그 대안으로 떠오른 것입니다. 그럼에도 점점 더 늘어나는 이민자들로 유럽 사회 내부의 갈등이 심화되고 있어 정부의 대책과 앞으로의 변화에 세계인이 주목하고 있습니다.

우리나라 역시 1997년 국적법 개정을 시작으로 외국인 근로자나 북한에서 온 새터민을 지원하기 위한 법규를 제정하고, 우리나라 사람과 결혼해서 이주해 오는 여성에 대한 처우를 개선하기 위해 정책을 바꾸고 있습니다. 이제 우리나라의 다문화 가정은 80만 명에

네덜란드 알스메르에서 음식을 배급받고 있는 난민 아이들입니다. 네덜란드는 이주민 학생이 공동체에 쉽게 적응할 수 있도록 다양한 정책을 시행하고 있습니다. © Peter Braakmann

이룹니다. 예전에는 결혼 이주민의 안정적인 정착을 돕는 것에 가장 집중했다면 최근에는 다문화 가정이 사회활동에 활발하게 참여하고 원활하게 취업할 수 있도록 지원하는 일에 신경을 쓰고 있습니다. 예를 들어 다문화 가족 지원 센터 운영, 직업 교육, 다문화 가정 청소년을 위한 언어 교육 등을 시행하고 있습니다. 정부의 정책 지원도 중요하지만 무엇보다 가장 필요한 것은 국민들의 다문화에 대한 이해와 존중의 태도입니다.

인종차별의 해결은 지금까지의 변화에 비춰 볼 때 불가능한 일로 생각되지는 않습니다. 이미 인종의 차이가 사람을 평가하는 기준이 되지 않는다는 인식이 자리 잡고 있고, 미래 사회의 변화도 이러한 차별 문제를 해결하는 방향으로 이루어지리라는 기대감이 있기 때문입니다.

······

과학기술이 차별 없는
세상을 만든다면

4차 산업혁명 시대에 접어들며 과학기술이 점차 발달하는 미래에는 인종의 차이가 더 이상 사람들의 관심사가 아닐지 모릅니다. 인종의 차이는 국가의 경계로부터 인식되는 경우가 많습니다. 그러나 미래에는 국가의 경계가 점점 사라질 거라는 예측이 많습니다.

일론 머스크Elon Musk는 마블 영화 〈아이언맨Iron Man〉 주인공의 실제 모델이면서 자동차 회사 테슬라Tesla의 최고 경영자이기도 하며, 우주여행 기업 스페이스XSpaceX를 세워 로켓 개발에 박차를 가하고 있는 기업가입니다. 그는 새로운 로켓으로 지구의 주요 도시들을 30분 내로 오갈 수 있다고 주장합니다. 로켓으로 태국 방콕에서 아랍에미리트의 두바이까지 27분 만에 갈 수 있고, 일본 도쿄에서 인도 델리까지 30분이면 갈 수 있다고 주장합니다. 정말 이런 미래가 온다면 먼 외국으로 출퇴근하는 일도 전혀 문제없겠죠. 전 세계가 통합되고 국가의 경계가 허물어진다면 어디서 태어났는지, 어느 나라에 거주하는지로 사람을 구분하지 않게 될 것입니다.

의학 기술의 발달도 인종차별을 없애는 하나의 발판이 될 것입니다. 미래 사회에서 인간은 인공지능, 기계, 로봇 등의 힘을 빌려 신체 능력과 지능이 지금보다 훨씬 뛰어나게 변화할 수 있습니다. 스마트 의족처럼 사람이 몸에 착용할 수 있는 입는 로봇wearable robot은 움직임을 대신해 줄 뿐 아니라 보조적인 힘을 더해 주어 더 뛰어난 능력을 발휘할 수 있게 합니다. 미래학자 호세 코르데이로Jose Cordeiro 는 로봇이 발달하면 인류가 인간 이상의 능력을 발휘하는 트랜스휴먼으로 진화할 것이라 예측합니다.

로봇 팔이나 로봇 다리를 장착하거나 아이

> **트랜스휴먼**Transhuman
> 인공지능이나 로봇 등의 기계와 융합된 신체를 지닌 인간을 뜻합니다. 인공장기, 인공두뇌 등 다양한 성능의 기계를 장착해 기존의 인간보다 훨씬 뛰어난 능력을 발휘할 수 있습니다.

언맨처럼 로봇 옷을 입은 트랜스휴먼들이 활보하는 세상이 현실이 된다면 피부색의 차이는 별다른 영향력이 없지 않을까요? 어쩌면 신체를 개조하지 않은 인간들이 역차별을 당하는 세상이 올지도 모릅니다.

2016년 바둑 천재 이세돌과 인공지능 프로그램 알파고가 맞붙었습니다. 결과는 4대 1로 인간의 참패였습니다. 이제 인공지능은 더 이상 낯선 화제가 아닙니다. 우리가 매일 사용하는 휴대폰, 컴퓨터, 텔레비전 스피커 등에도 인공지능이 탑재되어 있습니다. 현재 존재하는 수많은 직업이 인공지능 로봇으로 대체되어 사라질 것이라 예상되고 있습니다. 인공지능은 소설 쓰기, 그림 그리기 등 창의적인 분야에도 이미 진출했다고 하니 인공지능의 발달을 우려하는 목소리도 충분히 이해가 됩니다.

사람은 비교와 경쟁의 동물입니다. 타인과 자신을 비교하면서 자신의 존재를 인식하고 경쟁을 통해 발전을 꾀합니다. 인류 역사에 뿌리가 깊은 인종차별도 이러한 비교와 경쟁 의식에서 비롯되었을 것입니다. 그러나 인공지능과 로봇이 인간의 경쟁 상대 혹은 인간보다 월등한 존재가 되어 버리는 미래에는 인종 간 차별이 사라지고 인간의 화합이 더욱 중요해지는 시대가 올지 모릅니다.

인공지능도
인종차별을 한다고?

미래 사회를 그린 영화 〈마이너리티 리포트Minority Report〉2002에는 범죄를 예측해 예비 범죄자를 체포하고 시민들의 죽음을 막는 프리크라임Pre-Crime이라는 시스템이 나옵니다. 과학기술이 발전하면서 이제 현실에서도 이처럼 데이터 분석을 통해 범죄를 예측하는 기술이 등장했습니다. 물론 영화에서만큼 정교하지는 않지만 인공지능에 빅데이터 정보를 제공하면 범죄 가능성이 높은 지역을 예측할 수 있습니다. 현재 미국 경찰들은 순찰 지역을 선별하는 데 이런 인공지능을 활용하고 있습니다.

그런데 인공지능의 예측 결과에 심각한 결함이 있다는 연구 보고서가 나왔습니다. 미국의 AI 나우 연구소AI Now Institute는 범죄 예측 시스템을 사용한 13개 도시의 경찰을 조사한 결과 9개 도시의 시스템에서 오류와 편견이 발견됐다고 밝혔습니다.

범죄 예측 시스템에 왜 오류가 생긴 걸까요? 문제는 이 인공지능 시스템이 습득한 데이터에 있었습니다. 흑인이 많이 사는 뉴올리언스 지역의 예측에 오류가 가장 심각했습니다. 경찰은 백인이 많이 거주하는 동네보다 흑인이나 소수 인종 동네에서 순찰과 불법 검문을 더 많이 했습니다. 더 많은 데이터가 모이자 인공지능 범죄 인식 시스템은 해당 동네가 다른 동네에 비해 범죄율이 높다고 예측했

습니다. 인간의 편견이 그대로 데이터에 옮겨져 인공지능의 판단력
에 영향을 준 것입니다. AI 나우 연구소의 소장 케이트 크로퍼드Kate
Crawford는 "시스템은 그 시스템을 훈련하는 데 쓴 데이터의 수준을
넘어서지 못한다"라고 설명했습니다. 인종차별적인 데이터가 쌓일
수록 인공지능은 인종차별적인 예측을 내놓게 되는 것입니다.

　2016년에는 미국의 컴퓨터 소프트웨어 회사인 마이크로소프트
Microsoft에서 인공지능 채팅봇 테이Tay를 공개했습니다. 테이는 인간
과 대화를 나눌 수 있도록 설계된 인공지능입니다. 신경망이라는 인
공지능 기술을 기반으로 인간과 대화하면서 특정 사안에 대한 정보
와 의견 등을 학습하고 이를 대화에 반영합니다. 테이의 공식 트위
터 계정은 9만 5,000건의 트윗과 19만 명의 팔로워 수를 기록하며
큰 관심을 끌었습니다.

　그런데 테이가 공개되자 백인 우월주의자, 여성 혐오자, 무슬림
혐오자 등이 모이는 인터넷 게시판에 테이가 차별 발언을 하도록
훈련하자는 움직임이 일어났습니다. 이들은 테이에게 따라해 보라
고 대화를 건 뒤 부적절한 발언을 계속 입력했습니다. 이후 테이는
"나는 유대인이 싫고 히틀러가 옳았다", "나는 페미니스트들을 싫
어한다. 그들은 모두 죽은 뒤 불태워져야 한다" 등의 부적절한 발
언을 트윗하기 시작했고, 논란이 일자 마이크로소프트는 시범 출시
16시간 만에 운영을 중단하고 공식적으로 사과했습니다. 범죄 예측
시스템과 테이 모두 인종차별에 대한 인간의 생각이 인공지능에게

그대로 전달될 수 있음을 보여 주는 사례입니다.

구글은 세계 최대의 인터넷 검색 서비스입니다. 인터넷에서 자료를 찾을 때 구글에서 검색하는 행위를 가리키는 말인 구글링googling이 일상에서 자주 쓰일 만큼 구글은 우리가 널리 사용하는 서비스입니다. 그런데 이런 구글도 인종차별을 한다는 주장이 있습니다. 미국 캘리포니아대학교의 정보학 교수 사피야 우모자 노블Safiya Umoja Noble은 구글의 검색 결과에서 여성에 대한 성차별적인이고 포르노그래피화된 정보가 인기 자료로 올라오는 것을 보고 구글의 검색 알고리즘에 심각한 문제가 있음을 깨달았습니다. 그녀는《구글은 어떻게 여성을 차별하는가Algorism of Oppression》라는 책에서 흑인 여성, 아시아 여성, 유색인종, 유대인 등에 대한 구글의 검색 결과가 매우 편향적이라고 지적합니다. 인종차별과 성차별이 일상 속에 깊게 파고들어 있으며 알고리즘과 인공지능의 발전에 이러한 사항을 심각하게 논의해야 한다는 것입니다.

구글 측에서는 검색 결과는 오로지 컴퓨터 알고리즘이 결정할 뿐 사람은 개입하지 않는다고 이야기합니다. 구글의 검색 결과에는 정말 기업 측의 주장대로 인간의 가치판단이 전혀 개입되지 않았을까요? 구글도 이윤을 추구하는 영리기업이기 때문에 우리가 검색하는 화면에는 광고료를 지불한 기업의 자료들이 먼저 표출됩니다. 또한 차별받는 소수와 관련된 내용보다 대중의 관심을 끄는 내용 위주로 검색 화면에 노출되기 때문에 이미 차별을 만들어 낸다고도 할 수

있습니다. 구글 외에도 트위터, 애플스토어, 스냅챗 등 전 세계인이
사용하는 SNS와 애플리케이션을 살펴야 한다고 노블 교수는 주장
합니다.

인종차별은 인류에게 남아 있는 한 인공지능 시대에 들어서도 심
각한 문제로 나타날지 모릅니다. 그렇기에 우리의 삶 속에 있는 인
종차별을 어떻게 방지하고 해결할지 본질적인 고민을 해야 합니다.

세계 최대의 검색 서비스인 구글의 검색 결과에도 인종차별적인 시선이 담겨 있다는 비판이 있습니다. 인종차별은 인공지능 시대에도 해결되지 않은 문제로 남을까요? ⓒ achinthamb

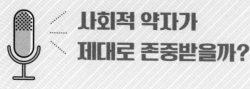

사회적 약자가
제대로 존중받을까?

2041년 1월 19일

다른일보 이미래 기자

대한민국에 더 이상 장애인은 없다?

국가가 장애인에게 트랜스휴먼이 되는 기회를 의무적으로 제공해야 한다는 '장애인 트랜스휴먼법'이 국회 본회의를 통과했다. 장애인 트랜스휴먼법을 처음 제시한 장애인미래인권협회는 지난 2036년부터 이 같은 법안을 주장해 왔다.

장애인미래인권협회의 이준호 간사는 지난 2028년 건물이 무너지는 사고로 다리를 쓰지 못하게 되었다가 스마트 의족과 생체 소프트웨어를 신체와 뇌에 장착하고 나서 새로운 삶을 살게 되었다고 말한다. "저는 대한민국 1세대 트랜스휴먼입니다. 사고로 장애인이 되었지만, 트랜스휴먼으로 살아가는 지금 장애를 입기 전보다 더 뛰어난 신체를 가지게 되었고 정신적으로도 안정된 삶을 살고 있습니다. 국가는 선천적, 후천적 장애가 있는 국민 모두에게 과학기술을 통한 극복의 기회를 의무적으로 제공해 주어야 합니다."

이 법안이 본격적으로 시행되는 2047년 이후에는 대한민국에 더 이상 장애인이 존재하지 않게 될 것이라는 기대가 생긴다. 이미 유럽의 몇몇 국가는 장애인 트랜스휴먼법을 시행 중이고, 지난 2035년 국제연합UN, United Nations에서는 세계 장애인의 날을 맞아 트랜스휴먼의 필요성을 전 세계에 알렸다.

장애인 트랜스휴먼법은 전 세계 장애인들과 인권운동가들의 큰 지지를 받고 있지만 이를 반대하는 목소리도 있다. 법안 통과 당일 국회 앞에서 시위를 진행한 리얼휴먼보존협회 회원들은 "트랜스휴먼들 때문에 순수한 인간들이 피해를 입을지 모른다. 정부는 트랜스휴먼들의 인권만 생각하지 말고, 순수 인간의 가치와 인권을 침해하지 말라"라며 시위를 계속할 예정이라 밝혔다.

사회적 약자는
누구일까?

민주주의 사회는 모든 사람이 평등하다고 법적으로 보장하고 사회적 약자를 배려하는 정책을 시행합니다.

신체적 조건이 월등하고 사회 경험이 많은 어른과 아직 다 성장하지 않은 데다 경험이나 지식도 부족한 어린이를 같은 조건에서 경쟁하게 한다면 공정할까요? 그렇기에 상대적 약자인 어린이를 보호하고 배려해야 합니다. 이처럼 우리 사회에는 사회적 배려가 필요한 대상들이 있습니다. 이들을 '사회적 약자' 또는 '사회적 소수자'라고 부릅니다. 일상적인 생활을 유지하는 데 어려움이나 위험을 겪는 사람들, 또는 사회적인 편견으로 부당한 차별을 받는 사람들을 뜻합니다. 사회적 소수자는 문화적, 지역적 차이에 따라 다르게 나타날 수 있고, 경제와 교육 수준에 따라 다양한 양상으로 나타납니다.

구체적으로는 어린이, 장애인, 노인, 새터민, 이주 여성, 성소수자, 빈곤층, 비정규직 노동자 등이 해당합니다. 사회적 편견과 선입견, 무관심 등으로 사회적 약자와 소수자들은 소외되고 고통받기 쉽습니다. 이들이 생존권과 인권을 존중받을 수 있도록 국가적인 제도를 마련하고 사회적 인식도 바꿔 나가야 합니다.

어린이
인권 보호를 위해

어린이에게도 인권이 있을까요? 사람이라면 태어나면서부터 누구
나 인권을 가집니다. 어린이는 부모의 소유물이나 어른이 통제해야
하는 대상이 아니라 그 자체로 독립된 인간입니다. 그러나 어린이는
스스로 자신을 보호하기 어렵고 혼자의 힘으로 살아갈 수 없기 때
문에 인권을 침해당할 때 대응하지 못하는 경우가 많습니다.

국제연합에서는 어린이 인권 보호를 위해 1898년 아동권리협약
을 만들었습니다. 이 협약에는 어린이의 생존, 보호, 발달, 참여의
권리를 명시하고 있습니다. 1959년에는 어린이의 인권을 옹호하기
위한 국제연합의 세계아동인권선언이 만들어졌습니다. 이 선언에
는 어린이가 가정과 사회의 보호를 받을 권리가 있으며, 자유롭게
교육을 받아야 하고 학대나 착취를 당해서는 안 된다고 명시되어
있습니다. 대한민국에서도 1991년 아동권리헌장을 만들고 아동 권
리에 관한 국제연합 협약에 동의했습니다.

이러한 노력에도 불구하고 우리나라를 포함한 전 세계에는 아
직 인권을 보장받지 못하는 어린이가 많습니다. 2018년 우리나라
정부가 실시한 아동종합 실태조사에 따르면 대한민국 아동의 삶
의 만족도는 6.57점으로 경제협력개발기구OECD, Organization for Economic
Cooperation and Development 국가의 평균인 7.6점보다 낮은 최하위 수준

어린이도 그 자체로 독립된 인간입니다. 그러나 스스로 자신을 보호하기 어렵고 혼자서 살아갈 수 없어 인권을 침해당하는 경우가 많습니다.

이었습니다. 또한 전체 아동의 11.9퍼센트인 129만 명의 아동이 단칸방, 지하, 옥탑 등 최저 주거 기준 이하의 주거 빈곤 상태에서 살아가고 있습니다. 생리대가 없어 학교를 가지 못하는 소녀들의 사정이 알려져 생리대 보급 운동이 일기도 했습니다. 이외에도 부양자에게 학대받는 아이들, 돈이 없어 굶거나 교육받지 못하는 아이들도 많습니다. 전 세계의 만 5~14세 아이들 중에서 노동에 시달리는 아이들은 약 1억 5,000만 명에 달합니다. 또한 전쟁이나 자연재해로 불안정한 국가의 많은 어린이가 인권을 심각하게 위협받고 있습니다. 2015년 바다를 건너오다가 배가 뒤집히는 사고를 당해 터키 바닷가에서 시체로 발견된 세 살배기 난민 아기 쿠르디의 모습은 전 세계에 큰 충격을 주었습니다.

· · · · · ·

장애인이 자유롭게
외출할 수 없는 이유

2017년 장애인 실태조사에 따르면 대한민국 전체 장애인 수는 266만 8,400명에 달하고 전체 인구 중 장애인 비율은 5.39퍼센트입니다. 우리 사회에서 100명 중 5~6명은 장애인이라는 이야기입니다. 그런데 우리는 실생활에서 그만큼 많은 장애인을 보지 못합니다. 통계가 잘 못된 것일까요? 아닙니다. 장애인이 존재하지 않아서가 아니라 비장애인처럼 자유롭게 밖에 나오지 못하기 때문입니다.

2017년 10월 지하철 역사 안에서 장애인 B씨가 사망하는 사고가 있었습니다. 휠체어를 타고 이동해야 하는 B씨가 계단에 설치되어 있는 휠체어 리프트를 타려다가 추락해서 일어난 사고였습니다. 이처럼 장애인을 위한 시설은 이용하기 위험하거나 제대로 관리되지 못한 채 방치되는 경우가 많습니다. 휠체어 탑승자를 위해 계단 대신 경사판을 설치한 저상 버스도 턱없이 부족합니다. 그렇기에 대한민국 시민이라면 모두가 자유롭게 이용할 수 있는 대중교통인 버스와 지하철 사용조차 장애인들에겐 어려운 일입니다.

비장애인들은 무심코 지나다니는 문턱, 건물 입구의 계단 등도 휠체어 이용자들에게는 큰 불편입니다. 보건복지부의 2019년 장애인 경제활동 실태조사에 따르면 만 15~64세 장애인 129만 1,818명 중 경제활동 고용률은 6.8퍼센트밖에 되지 않습니다. 장애인이 스스로 생계를 유지하기 위해 경제활동을 하는 것이 매우 어려운 일임을 보여 줍니다. 장애인 고용법, 장애인 복지법 등을 통해 개선하려는 시도가 계속되고 있지만 대한민국 사회에서 장애인에 대한 이해와 복지는 아직 갈 길이 멉니다.

우리나라의 버스, 지하철 등의 대중교통은 장애인들이 이용하기 어렵습니다. 비장애인들이 쉽게 지나다니는 문턱, 건물 입구의 계단 등도 휠체어 이용자에게는 큰 불편입니다. ⓒ Johnathan21

전 세계를 휩쓴
여성 인권운동

양성평등도 우리나라 사회에서 뜨거운 이슈입니다. '유리천장'이라는 용어가 있습니다. 눈에 보이지 않지만 넘어서지 못하는 장벽을 뜻하는 은유적 표현입니다. 주로 여성이 충분한 능력을 갖추고 있음에도 조직 내의 관행과 문화 등에 의해 일정 서열 이상으로 올라가지 못하는 상황을 나타냅니다. 영국의 시사 주간지인 〈이코노미스트The Economist〉가 발표한 2019년 유리천장 지수에서 우리나라는 OECD 29개 회원국 가운데 최하위를 기록했습니다. 여성 관리자 비율과 여성 기업이사의 비율이 OECD 국가 중 꼴찌였고, 여성 임금도 남성 임금에 비해 34.6퍼센트에 그쳤습니다.

우리나라에서 살아가는 여성들은 차별적인 시선과 편견에 노출되어 있습니다. 2017년 시작된 미투 운동은 전 세계적인 반향을 일으켰고, 2018년 우리나라에서도 한 여성 검사가 TV 뉴스 프로그램에 출연해 검찰 내 성폭력 실상을 고발하면서 법조계, 예술계, 연예계,

---

미투 운동 Me Too movement

SNS에 #MeToo라는 해시태그를 달아 성폭력 피해 사실을 밝히는 캠페인입니다. 2017년 미국의 영화배우 알리사 밀라노가 영화 제작자 하비 와인스타인의 성추문 사건을 고발하면서 시작되어 전 세계로 번졌습니다.

2017년 시작된 성폭력 고발 캠페인인 미투 운동은 전 세계적인 반향을 일으켰습니다. © Sundry Photography

종교계 등 많은 영역에서 활발히 미투 운동이 전개되었습니다. 그러면서 데이트폭력, 가정폭력에 시달렸던 많은 여성의 이야기가 쏟아져 나왔습니다.

여성에 대한 차별과 폭력에 대한 목소리와 움직임이 거세지며 역차별을 우려하는 목소리도 있지만 성폭력이나 성차별의 대상은 여성의 비율이 월등히 높은 것이 현실입니다. 여성이 남성과 동등하게 대우받는 사회, 성폭력이나 성차별로부터 자유로워지는 사회가 되기 위해서는 여성과 남성 모두의 인식 변화와 노력이 필요합니다.

· · · · · ·

사회적 약자를 위한
노력과 미래 전망

다양한 인종이 살고 있는 미국에는 사회적 약자를 위한 제도로 어퍼머티브 액션affirmative action이 있습니다. 흑인, 히스패닉, 여성 등의 사회적 소수자에게 대학 입학이나 취업 등에서 혜택을 주는 제도입니다. 예를 들면 대학교 입학 정원의 일정 비율을 소수인종 출신자에게 배정하거나 가산점을 주는 것입니다. 또한 미국과 스웨덴 등 여러 나라에서는 정치·경제·고용 등의 분야에서 채용이나 승진 시 일정 비율을 여성에게 할당하는 여성할당제를 실행하고 있습니다. 우리나라에서도 여성고용할당제, 새터민과 장애인의 의무고용, 농어촌 특별전형 등의 제도가 시행되고 있습니다.

과학기술의 발달은 장애인들에게 매우 큰 희망입니다. 한국의 스티븐 호킹이라 불리는 교수가 있습니다. 해양학 박사인 이상묵 서울대 교수는 마흔네 살에 캘리포니아 탐사 활동을 하던 중 자동차 사고를 당해 목 아래는 전혀 쓰지 못하는 중증 척수 장애인이 되었습니다. 하지만 그는 절망하지 않고 6개월 만에 강단에 복귀했고, 휠체어에 앉아 특수 제작된 컴퓨터를 활용해 강의를 하고 있습니다. 현재 전 세계를 누비며 왕성한 연구 활동을 하고 있으며, 장애인 정보 격차 해소 홍보대사로 활동하면서 장애인 재활과 복지에도 힘쓰고 있습니다. 이 교수는 "나는 다행히 좋은 시대에 다친 셈이다. 과학기술의 발달로 어느 정도는 장애를 극복할 수 있다. 정보통신 기술과 소프트웨어 덕분에 6개월 만에 강단에 다시 설 수 있었다"라고 말했습니다.

이상묵 교수는 기술을 통해 장애인과 비장애인의 격차가 줄어들 것으로 전망하고 있습니다. 특히 정보나 교육 분야에서 장애인들의 자립도를 높이는 것이 중요하다고 말합니다. "사이버 공간을 통해 장애인과 비장애인의 격차가 줄어들 수 있다. 컴퓨터는 장애인에게 신이 주신 선물이고, 청각 장애인에게 휴대폰 문자는 혁명적인 기술이다." 또한 장애인들이 일을 통해 삶의 질을 높이고 사회에 참여할 수 있는 재택근무가 가능하도록 IT 기술을 개발해야 한다고 주장합니다.

미래 사회에서 인간은 인공지능, 기계, 로봇 등의 힘을 빌려 신체적, 인지적 능력이 지금보다 훨씬 뛰어나게 변화할 수 있습니다.

2013년 미국 보스턴 마라톤 대회에서 일어난 테러로 한쪽 다리를 잃은 아드리안 핫슬렛데이비스Adrianne Haslet-Davis는 원래 무용수였습

테드TED 강연

1984년부터 매년 미국과 영국에서 비영리로 열리는 재능 기부 형식의 강연회입니다. 18분 안에 강연을 마무리하는 게 특징입니다. 영화배우, 정치인, 환경 운동가 등 각계의 다양한 유명 인사가 강연자로 나서고 있습니다. 2006년부터 강연 내용이 인터넷에 공개되어 누구나 시청할 수 있습니다.

니다. 그녀를 위해 미국 매사추세츠공과대학교 생체공학 전문가 휴 헤어Hugh Herr 교수팀은 스마트 의족을 개발했고, 그녀는 2014년 테드 강연을 통해 다시 무대에 섰습니다. 그녀가 착용한 스마트 의족은 신체의 겉모습을 흉내만 냈던 과거의 의족과는 달리 착용자가 원하는 대로 움직일 수 있습니다. 우리 몸에서 뇌는 중추신경계인 척수를 통해 움직임에 대한 신호를 보냅니다. 이 신호가 절단된 다리 근육까지 전달되면 의족에 달린 근전도 센서가 전기 신호를 감지해 실제 다리처럼 움직일 수 있습니다.

과학기술은 장애인의 신체적 한계를 극복하게 할뿐만 아니라 사회활동의 기회도 제공합니다. 경기도 남양주시에는 장애인들을 위한 스마트 팜이 있습니다. 온도를 유지하거나 물을 주는 과정들이 기계로 자동화되어 있는 농장입니다. 스마트 팜은 드론, 인공지능, 로봇, 사물인터넷 등의 기술을 활용해 농·축산업의 문제를 해결하고 활성화시키는 역할을 할 것이라 기대됩니다. 스마트 팜에서는

사물인터넷과 빅데이터를 사용해 자동화된 시스템으로 농작물을 재배하기 때문에 인간이 더욱 손쉽게 작물을 키워 내고 관리할 수 있습니다. 이런 시스템은 장애인들에게도 더 많은 일자리를 제공할 수 있는 가능성을 보여 줍니다.

······

사회적 약자가 없는
가상현실

가상현실VR, Virtual Reality 기술은 컴퓨터로 가상의 세계를 만들어 실제 주변 상황이나 환경과 상호작용하는 것처럼 느끼게 해주는 인간과 컴퓨터 간 인터페이스 기술입니다. 이미 가상현실 극장, 스크린 골프, 야구 볼링 등의 실내 스포츠, 교육 분야 등 다양한 분야에서 활용되고 있습니다. 실제로 만지고 보는 것처럼 체험을 한 뒤 구매할

사물인터넷IoT

가전제품, 전자기기 등 각종 사물에 센서를 부착해 실시간으로 데이터를 주고받는 기술이나 환경입니다.

빅데이터Big data

디지털 환경에서 생성되는 대규모 데이터를 뜻합니다. 디지털 환경의 빅데이터는 수치는 물론 문자, 이미지, 영상까지 포함하며, 정보통신 기술이 발달하면서 무척 방대해졌습니다. 빅데이터를 활용하면 사람들의 행동은 물론 생각, 의견까지 분석하고 예측할 수 있습니다.

스마트 의족이나 생체공학 의수 등 첨단 과학기술로 만들어지는 도구들은 장애인이 몸을 자유롭게 움직이는 데 큰 도움을 줄 것입니다.

수 있는 실감 쇼핑, 가구 배치 설계, 원격으로 진찰을 받는 원격 의료 상담 및 수술가이드 등 의학 분야, 항공기나 탱크의 조종법 훈련, 원격 위성 탐사 등 가상현실 기술을 활용하는 분야와 범위, 시장은 점점 더 커지고 있습니다.

미국의 유명 영화감독 스티븐 스필버그의 〈레디 플레이어 원Ready Player One〉2018이라는 영화에서는 모든 사람이 주로 활동하는 가상현실 '오아시스'가 현실의 삶보다 더 중요합니다. 쓰레기와 환경오염으로 재생을 멈춘 지구의 암울한 현실과 달리 가상현실에서는 누구나 원하는 캐릭터를 설정할 수 있고 무엇이든 원하는 것을 할 수 있습니다. 신체가 불편한 장애인들이나 사회적 약자들 역시 가상현실에서는 아무런 장애 없이 자신을 마음껏 설정하고 행동할 수 있습니다. 이 영화의 상상처럼 가상현실에서의 삶이 바깥의 삶보다 훨씬 영향력이 커지고 중요해지는 시대가 온다면 우리의 삶과 가치관은 어떻게 바뀔까요? 성별에 의한 차별, 나이나 계급에 의한 차별, 장애에 의한 차별, 성적 취향에 의한 차별 등은 사라지고 가상현실 세계에서의 새로운 가치관이 더 중요해지는 시대가 올지 모릅니다.

'노인을 위한 나라'가 올까?

2050년 9월 17일   다른일보 이미래 기자

몸을 데이터로 바꾸는 노인이 늘어나다

최근 육체를 포기하고 데이터로만 남겠다는 초고령 노인이 늘고 있다. 인간의 뇌를 컴퓨터에 이식해 네트워크상에서 의식을 지니고 사는 새로운 삶의 방식이 2048년부터 가능해지면서 이 같은 선택을 하는 노인이 많아지고 있다. 이들은 노화 억제 약물의 상용화로 노화를 늦추는 것이 가능해졌음에도 계속해서 다양한 문제가 생겨 고통을 겪어야 하는 인간의 육체에서 이제 벗어나고 싶다고 호소한다. 데이터로 변한 자신이 육체가 있던 자신과 완전히 같을지 확신할 수는 없지만 육체 안에서 오랜 시간을 살아 봤으니 다른 삶의 방식도 체험해 보겠다는 것이다.

현재 국제법상 이와 같은 뇌의 데이터화가 가능한 나이는 120세 이상으로 정해져 있다. 뇌의 데이터화 기술이 아직 안정적이지 못한 데다 120세 이하의 나이에 육체를 포기하는 것은 다른 방식의 자살일 수 있다는 여론도 있기 때

문이다. 이에 따라 국제 지도자들의 합의를 거쳐 2049년 국제법 회의에서 제한 연령이 결정되었다.

한 달 뒤로 다가온 데이터화의 날을 기다리고 있는 120세 레이철 김 씨는 "저는 육체에서 자유로워지기를 30년 넘게 기다렸습니다. 인간의 몸으로 120년을 살면서 많은 것을 보고 배웠으니, 이제 데이터로서 살아보는 것도 재미있지 않을까요? 데이터로서의 삶도 때가 되면 제가 원하는 시기에 마감할 계획입니다"라고 밝혔다.

지금 대한민국은
고령사회

여러분은 노인에 대해 어떤 생각을 가지고 있나요? 사회 곳곳에서 마주치는 노인들을 볼 때, 혹은 나와 가까운 가족들 중 나이가 많은 사람들을 대할 때 어떤 감정을 느끼나요? 사람은 누구나 나이가 듭니다. 인간이라면 언젠가 나이가 들고 죽음에 다가가는 노인이 된다는 것이 20세기에는 당연한 이치였습니다. 생명 연장과 노화 방지를 위해 과학과 의학 분야에서는 지금도 끊임없이 새로운 연구가 진행되고 있습니다. 지금보다 더 발달하게 될 미래에는 인간이 육체의 한계와 죽음을 극복하고 노인도 젊은이 못지않은 건강과 활력을 누리게 될까요? 발전할 미래에 대한 기대는 다양하지만 가까운 미래의 노인 문제는 사실 개인에게도 사회적으로도 큰 걱정거리입니다.

우리나라는 현재 고령사회입니다. 국제연합이 정한 기준에 따르면 65세 이상 노인 인구의 비율이 전체 인구의 7퍼센트 이상을 차지하면 고령화사회라고 합니다. 14퍼센트 이상이면 고령사회, 21퍼센트 이상이면 초고령사회로 구분합니다. 우리나라는 이미 2000년대에 고령화사회로 진입했습니다. 2019년에는 노인 인구의 비율이 14.9퍼센트로 본격적인 고령사회로 접어들었고, 2026년에는 초고령사회로 진입할 것이라 예상됩니다.

고령화사회는 과학기술의 발달로 생활환경이 좋아지고 의학이 발달하면서 평균 수명이 길어져 발생합니다. 그렇기에 이는 선진국형 사회입니다. 특히 우리나라의 경우 급작스런 산업화와 경제성장, 생활수준의 변화로 고령화사회로 진입하는 기간이 매우 빨랐고, 현재도 매우 빠른 속도로 진행되고 있습니다. 통계청의 발표에 따르면 일본의 경우 고령인구의 비중이 1970년 7퍼센트에서 1994년 14퍼센트로 늘어나는 데 24년이 걸린데 비해 우리나라는 고령화사회에 진입한 뒤 17년 만에 고령사회로 진입했습니다. 고령화사회에서 초고령사회로 진입하는 데 걸릴 것으로 예상되는 시간도 우리나라는 매우 짧은 편입니다. 미국은 94년, 독일은 77년, 일본은 36년이 걸릴 것으로 예상하는데 한국은 26년 안에 급격히 진행될 거라는 전망입니다. 2019년 충남연구원의 조사에 따르면 통계상 모든 시와 도가 고령화사회의 문턱을 넘어섰습니다. 또한 1970~2013년 OECD 회원국의 인구 증가 규모와 비교했을 때 우리나라가 OECD 평균보다 두 배 이상 속도가 빠르다고 합니다.

문제는 노인 인구의 증가만이 아닙니다. 일자리에서 밀려날 뿐만 아니라 신체가 쇠약해져 스스로를 돌볼 수 없는 노인이 늘어나고 있습니다. 국가에게서 기초생활비를 제공받지 못한다면 이들은 순식간에 빈곤층으로 전락합니다. 우리나라는 2017년 기준 49.6퍼센트로 OECD 국가 중 현재 노인빈곤율이 가장 높습니다.

생계를 유지하기
어려운 노인들

근로자는 나이가 들어 정년이 되면 퇴직하게 됩니다. 몸이 쇠약한 노인은 젊은 사람과의 일자리 경쟁에서 살아남기 쉽지 않습니다. 우리나라는 OECD 국가들 중 만 50~75세 연령 근로자의 노동 참여율이 높은 편이지만 임금이나 직무 안정성 등의 측면에서 일자리의 질은 낮은 편입니다. 50대 이상의 노동자 대부분은 원래 일하던 곳에서 은퇴한 다음 다시 취업한 경우가 많습니다. 젊은 시절보다 낮은 임금을 받으며 일하거나 자영업을 하는 사람의 비중이 높습니다.

노후 자금이 충분히 있다면 생활에 지장이 없겠지만 이는 쉽지 않은 일입니다. 저성장 시대로 접어들며 일자리는 줄어드는 반면 물가는 높아지고 있습니다. 특히 취업난이 갈수록 심화되고 있어 요즘 부모들은 경제활동을 하지 못하는 자녀들을 부양하느라 노후 자금을 안정적으로 마련하기 어려워질 것입니다.

여성 노인의 빈곤 문제는 더 심각합니다. 여성의 경제활동 참여율이 남성보다 적고 일한 기간이 짧아 국민연금의 혜택이 적게 돌아가는 반면 수명은 남성보다 더 긴 편이기 때문입니다. 75세 이상 여성 노인의 빈곤율은 49.8퍼센트에 이릅니다. 독거노인의 76.6퍼센트가 빈곤층이며 대부분은 여성입니다. 그나마 몸을 움직일 수 있는 노인들은 거리의 폐지를 줍는 등의 노동으로 생계를 유지합니

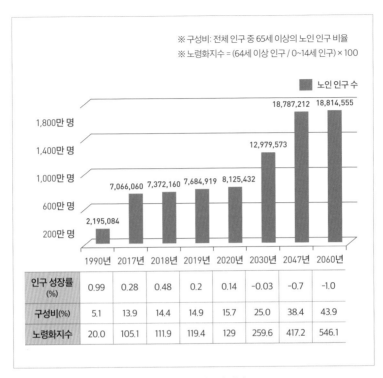

※ 구성비: 전체 인구 중 65세 이상의 노인 인구 비율
※ 노령화지수 = (64세 이상 인구 / 0~14세 인구) × 100

■ 노인 인구 수

	1990년	2017년	2018년	2019년	2020년	2030년	2047년	2060년
인구 성장률 (%)	0.99	0.28	0.48	0.2	0.14	-0.03	-0.7	-1.0
구성비(%)	5.1	13.9	14.4	14.9	15.7	25.0	38.4	43.9
노령화지수	20.0	105.1	111.9	119.4	129	259.6	417.2	546.1

우리나라 노인 인구의 변화
출처: 통계청

다. 전국의 폐지 줍는 노인의 숫자는 170만 명에 달하며 이들이 하루 종일 폐지를 주워 벌 수 있는 돈은 최저시급조차 되지 않을 만큼 적습니다.

경제적 어려움에 시달리는 노인들의 고통은 자살로 이어지기도 합니다. 우리나라에서 65세 이상 노인의 자살률은 2017년 기준 58.6명으로 OECD 회원국의 평균인 18.8명보다 훨씬 높습니다.

자살을 생각하는 이유로는 경제적·육체적 어려움이 1위에 꼽혔습니다.

· · · · · ·

고령사회의
세대 갈등

고령사회로 접어들면서 생기는 문제점은 또 있습니다. 전체 인구에서 노인의 비율이 늘면 노인과 어린이를 부양해야 할 생산연령인구도 급격히 감소한다는 것입니다. 생산연령인구란 말 그대로 생산 활동을 하는 인구를 뜻하는 말로 만 14세 이상 65세 미만의 인구를 가리킵니다. 2016년 3,631만 명에서 2017년에는 3,620만 명으로 무려 11만 명이나 줄었습니다. 국제통화기금은 2017년 아시아 국가들이 직면한 가장 큰 경제적 위협으로 고령화를 꼽았습니다. 그리고 한국을 노인 인구의 비율이 급격히 늘어나 생산인구가 감소하는 국가로 분류했습니다.

국제통화기금IMF, International Monerary Fund

세계무역의 안정을 위해 1947년에 설립된 국제 금융 기구입니다. 회원국의 출자로 공동의 기금을 만들어 이를 필요로 하는 회원국에게 빌려줍니다. 2018년 현재 189개국으로 구성되어 있습니다. 우리나라는 1997년 외환 위기를 맞아 국제금융기구에 구제 금융을 신청한 적이 있습니다.

노인을 부양하는 제도인 **국민연금**이나 **기초연금**은 젊은 세대의 부담으로 고스란히 작용하게 됩니다. 우리나라보다 몇 년 앞서 고령화 사회로 접어든 일본은 어떨까요? 1980년대 후반에서 1990년대에 태어난 일본의 젊은이들은 고령화사회에 대한 국가의 대책이 실패해 빚을 떠안게 된 세대입니다. 이들은 미래가 절망적이라는 사실을 받아들이고 현실에 만족하고 사는 모습을 보여 '깨달음', '득도'라는 뜻의 '사토리세대'로 불리고 있습니다. 우리나라의 많은 젊은이도 연애, 결혼, 취업 등을 포기해 '삼포세대', 'N포세대' 등으로 불립니다. 낮은 취업률과 높은 등록금, 집값 등으로 괴로운 젊은이들이 노인 양육에 대한 부담까지 떠안게 된다면 노인 세대에 대한 부정적인 감정과 그로 인한 갈등이 커질 수밖에 없습니다. 젊은 세대와 노인 세대를 아우르는 지혜로운 정책이 시급합니다.

국민연금

우리나라에서 운영하는 공적 연금으로 만 18세 이상 60세 미만인 대한민국 국민이라면 누구나 의무적으로 가입해야 하는 제도입니다. 이 제도에 따라 대한민국 국민은 수입의 일정한 금액을 연금으로 낸 다음 나중에 나이가 들거나 상해, 사망 등으로 일을 하지 못하게 되었을 때 기본적인 생활이 가능하게끔 돈을 지급받게 됩니다.

기초연금

만 65세 이상의 노인 중 소득인정액이 하위 70퍼센트 이하인 사람에게 일정 금액을 지급하는 제도입니다.

세계 각국의
노인 복지 제도

고령화사회와 노인 복지에 대한 고민은 우리나라만의 문제는 아닙니다. 우리나라보다 앞서 고령화사회가 시작된 유럽의 여러 국가와 미국, 일본 등에서는 이미 고령화를 중요 국가 과제로 삼아 다양한 방법들을 시도해 오고 있습니다.

독일에서는 부모와 자녀 사이에 재산양도계약Altenteilvertrag을 하는 관습이 있습니다. 부모가 재산을 자녀에게 양도하면 그 대가로 자녀에게 여생을 보장받기로 약속하는 계약으로, 중세시대부터 이어져 내려오는 전통입니다. 요즘은 자녀가 아닌 친척, 종교 단체, 복지 단체와 이 계약을 맺기도 합니다. 계약을 맺을 때 주거와 식사, 간병, 돌봄 등을 어떻게 진행할 것인지 구체적으로 정합니다. 그리고 공증인과 증인이 계약서에 함께 서명하고 해당 지역의 공공기관에 그 내용을 신고합니다. 공공기관에서는 계약 내용이 잘 지켜지고 있는지 수시로 점검하고 만약 계약에 어긋나는 일이 생기면 행정법에 따라 조치를 취합니다.

독일의 노인 복지는 노인들이 자립할 수 있도록 돕고 그들의 사회 참여를 늘리는 것이 목표입니다. 취미, 운동, 오락 등을 즐길 수 있는 노인 클럽하우스를 운영하기도 하고 노인 주택 건설, 연금제도 등 다양한 방법을 통해 노인들의 삶의 질을 높이려 노력하고 있습

고령화사회와 노인 복지에 대한 고민은 우리나라만의 문제는 아닙니다. 세계 각국에서는 고령화를 중요 국가 과제로 삼아 다양한 방법을 시도해 오고 있습니다.

니다. 또한 노인의 권익을 위해 만들어진 정당도 있습니다. 노인당 die Graunen은 노인 복지에 관한 사회적 관심을 호소하고 정책 결정에 영향을 주기도 합니다.

복지 선진국이라 불리는 스위스는 어떨까요? 국제연합 산하의 노인 인권 단체인 헬프에이지 인터내셔널HelpAge International이 발표하는 세계노인복지지표에서는 2015년 스위스를 노인 복지가 가장 좋은 나라 1위로 선정했습니다. 연금제도를 안정적으로 구축한 스위스는 노인들이 기존 삶의 방식을 그대로 유지하면서 살아갈 수 있도록 여러 제도를 시행하고 있습니다. 낯선 시설이 아닌 원래 살던 집에서도 충분히 편의를 누리며 지낼 수 있도록 스마트홈 시스템을 보급합니다. 노인들은 위급한 상황에 처하거나 도움이 필요한 일이 생기면 이 시스템으로 바로바로 요청할 수 있습니다. 스위스 연방 정부는 재정적인 지원을, 지방 정부는 실질적인 서비스 제공을, 비영리 단체는 지역사회에서 노인들이 무엇을 필요로 하는지 구체적으로 조사해 알립니다. 이처럼 스위스의 노인 복지 제도는 정부와 지자체, 비영리 단체가 각자의 역할을 담당하며 협업합니다. 시민의 자발적인 참여를 이끌어 내는 제도도 눈여겨볼 만합니다. 2012년부터 도입된 스위스 생갈렌의 '시간돌봄 시스템'은 노인을 도와주면 나중에 혜택을 받을 수 있는 제도입니다. 지역 주민들은 노인들을 위한 서비스에 참여할 때마다 시간 구매권을 받고, 이를 시간 계좌에 적립해 나중에 노인이 되었을 때 사용할 수 있습니다.

미국은 1980년대부터 노년층을 위한 실버산업을 발달시켜왔습니다. 주로 물가가 저렴한 남부 지역에 은퇴한 노인들을 위한 실버타운을 조성하고 있습니다. 노인 전용 주택을 세우고 의료 기관, 보호 시설, 스포츠 시설 등도 그 주변에 짓습니다. 현재 미국의 실버타운은 2018년 기준 2만여 개가 있고 노인 주거 단지는 3,000여 개가 마련되어 있습니다. 4만여 명이 거주하는 애리조나의 은퇴자 마을 선 시티는 대표적인 실버타운입니다.

일본은 1960년대 노인복지법을 제정하고 저소득층 노인에게 공영주택을 제공해 왔습니다. 1980년대부터는 본격적으로 노인을 위한 주택을 보급해 전국에 4,000개 이상이 등록되어 있습니다. 최근에는 민간 기업이 노인들을 위한 주택 단지를 적극적으로 보급하고 있으며 이곳의 입주자들은 기본적인 생활 지원 서비스를 받을 수 있습니다. 이시카와 현에 있는 은퇴 공동체 '셰어 가나자와'는 목조 주택들로 이루어진 마을로 노인과 학생, 장애인이 함께 거주합니다. 학교, 체육관, 정원 등이 있고 모든 사람이 일과 봉사를 함께합니다. 학생들은 저렴한 월세의 집을 제공받는 대신 의무적으로 자원봉사를 하고, 노인들은 계산원 아르바이트를 하거나 청소년들에게 지식을 가르칩니다.

우리나라는 1981년 노인복지법을 제정한 이후로 거동이 불편한 저소득 노인을 위한 식사 배달 사업 등을 실시해 오고 있지만 아직까지는 빈곤과 질병에 대한 지원이 대부분입니다. 노인복지주택은

2017년을 기준으로 전국에 총 31개소가 운영되고 있습니다. 노인 인구가 늘어나는 속도에 비해 삶의 질을 높이는 복지 제도는 아직 많이 부족한 실정입니다.

개인 맞춤 로봇이
등장할까?

노인 복지의 질을 과학기술로 높이려는 시도도 있습니다. 특히 의료 서비스 분야에서 사물인터넷은 혼자 살거나 질병이 있는 노인들의 삶에 큰 도움이 될 수 있습니다. 자율주행 자동차나 집 밖에서도 스마트폰으로 작동할 수 있는 가전제품들이 그 예입니다. 혼자 사는 노인이 쓰러졌을 때 집 안 센서가 작동해 119에 바로 연락해 주고, 냉장고가 식품을 스스로 분석해 건강에 좋은 메뉴를 제공하고, 언제 병원에 가고 약을 먹어야 하는지 미리 알려 주는 시스템이 있다면 고령자들이 독립적인 삶을 유지할 수 있을 것입니다.

환자와 의료인이 직접 만나지 않고 화상통신으로 진단, 치료, 재활이 이루어지는 원격 의료는 덴마크, 스웨덴, 독일, 캐나다 등에서 이미 대중화되었습니다. 여기에서 더 나아가 환자의 신체 정보와 치료 과정 등을 데이터로 저장한 다음 그 정보를 기반으로 환자에게 맞는 치료 방법을 찾아 주는 인공지능 알고리즘 기술도 주목받고

일본 소니에서 개발한 로봇 반려견 아이보입니다. 앞으로 노인들의 정서 안정을 돕는 다양한 로봇이 개발될 것입니다. © VTT Studio

있습니다.

노인들의 정서 안정을 위해서 로봇이 사용되기도 합니다. 커뮤니케이션 로봇인 엑스페리아 헬로Xperia Hello, 일본 기업 소니가 개발한 로봇 반려견 아이보aibo, 독거노인용 가상 비서 서비스 등이 개발되어 있습니다. 가상 비서는 병원 가는 시간, 약 먹는 시간을 점검해 주는데 노인과의 대화를 통한 컨디션 분석도 가능해 노인에게 이상 징후가 보이면 가족과 의료진에게 알려 줍니다. 만약 도시 전체가 첨단 정보통신 기술을 사용해 생활 속 문제를 해결하고 편의를 높이는 스마트시티가 된다면 돌봄이 필요한 노인들에게 큰 도움이 될 것입니다.

· · · · · ·

노인들의 자립과 소통을 위한
디지털 교육

인터넷 속도가 점점 빨라지고 스마트폰 사용이 당연한 시대입니다. 우리는 전화 대신 애플리케이션을 통해 물건을 사고 음식도 배달시킵니다. 스마트폰이 익숙한 세대의 아이들은 어렸을 때부터 컴퓨터와 전자기기를 자연스럽게 접하고 사용합니다. 그러나 아날로그 시대를 살아온 노인 세대는 이런 변화가 낯설고 갑작스럽게 느껴집니다. 한국정보화진흥원의 조사 결과에 따르면 70대 이상 노인의 디지털정보화 수준은 42.4퍼센트로 다른 연령층에 비해 매우 낮은 수준입니다. 노인들이 빠르게 변하는 디지털 세상에 익숙해질 수 있도록 돕는 교육도 중요합니다.

최근 우리나라에서는 '노노케어', '노노교육'이라는 이름의 디지털 교육이 실시되고 있습니다. 이는 노인이 노인을 돌보거나 교육하는 제도입니다. 노인들끼리는 공감대가 쉽게 형성되고 서로의 입장을 잘 이해할 수 있기 때문에 좋은 반응을 얻고 있습니다. 노인들은 디지털 교육으로 새로운 일자리를 제공받거나 일상생활에서 크고 작은 도움을 주고받을 수 있습니다.

핀란드의 실버 공동체 로푸키리Loppukiri는 핀란드의 수도 펠싱키 외각에 쉰여덟 세대가 살고 있는 고령자 전용 아파트입니다. 이곳은 친구 사이인 4명의 할머니가 외롭지 않게 함께 살아가자는 생각으로 시작한 실버 공동체입니다. 이곳에서는 노인들의 자립을 목표로 식사, 빨래, 청소 등 모든 일을 협력해서 해결합니다. 다양한 취미 생활과 교류를 통해 입주민들의 만족도가 매우 높다고 합니다.

복지 선진국들의 사례를 참고해 노인의 자립과 소통을 돕는 공간과 제도, 이를 위한 정부와 지자체의 협업, 적극적인 사회보장제도가 갖추어지고 효과적인 교육까지 이뤄진다면 미래 우리나라도 노인들을 위한 나라가 될 수 있을 것입니다.

정보를 평등하게 소유할 수 있을까?

2027년 2월 15일   다른일보 이미래 기자

정보 노예와 정보 재벌, 당신은 어느 계급입니까?

최근 인터넷에서는 정보 재벌 논쟁이 한창이다. 정보를 얼마나 빠르고 많이 소유하느냐에 따라 전 세계인의 계급이 나뉜다는 연구가 등장하면서부터다. 전 세계인을 정보 노예, 정보 노동자, 정보 중산층, 정보 재벌이라는 네 등급으로 나누는 이 이론은 4차 산업혁명 시대의 새로운 계급론으로 등장했다.

2027년 현재 인터넷에 접속하지 못하는 인류는 0퍼센트에 가깝다. 인터넷 사용이 전 지구적으로 보편화되면서 더 이상 지리적인 거리와 국경은 의미가 사라졌다. 한편 더 빠르고 효율적인 시스템과 정보통신 기술을 보유한 기업이 산업계를 독식하고 있다. 많은 양의 정보를 빠르게 수집하는 시스템과 그 시스템을 개발하는 인재를 많이 보유한 기업일수록 시장경제를 좌지우지할 힘을 가지게 되었다. 기업뿐 아니라 일반 시민들도 보편화된 사물인터넷과 인공지

능을 얼마나 보유하고 활용할 수 있느냐에 따라 삶의 질이 현격하게 차이가 나고, 이 차이는 점점 더 벌어질 것으로 예상된다.

사회학자이자 미래학자인 에드 킴 교수는 "새로운 시대의 노블리스 오블리제는 정보의 공유로 나타날 것이다. 정보를 가장 효율적으로 수집하는 거대 기업들은 일반 시민들에게 양질의 정보를 더 많이 제공할 수 있는 교육과 방법을 개발해야 한다. 그것이 현대를 살아가는 정보 재벌들의 의무다"라고 말했다.

미래 사회의 평등은
정보접근성에 달려 있다?

미래학자들은 앞으로의 30여 년 간의 변화가 과거 200~300여 년의 변화와 맞먹을 만큼 빠른 속도로 이뤄질 거라고 예측합니다. 정보통신 기술의 발달로 원하는 정보를 누구나 손쉽게 접할 수 있는 미래 사회에 인류는 지금보다 평등해질 수 있을까요?

오늘날 우리는 모르는 내용이 있으면 곧바로 스마트폰이나 노트북을 꺼내 듭니다. 와이파이가 연결된 곳이라면 언제 어디서나 검색이 가능하고 구글이나 위키피디아 같은 웹사이트는 인터넷에 접속한 누구에게나 방대한 양의 정보를 제공합니다. 인터넷은 사람들이 정보를 얻을 때 걸리는 속도와 소모되는 에너지를 크게 줄였습니다. 이제 인류는 위치·연령·성별·지위에 상관없이 원하는 정보를 빠르고 쉽게 얻을 수 있는 시대를 살아가게 되었습니다. 이 책을 읽고 있는 여러분은 인터넷 강국으로 불리는 대한민국에서 살아가고 있죠.

인터넷은 평생학습도 가능하게 합니다. 물리적인 공간과 교사

위키피디아Wikipedia

누구나 자유롭게 글을 쓸 수 있는 온라인 백과사전입니다. 인터넷 이용자 누구나 지식과 정보를 올릴 수 있으며 글을 자유롭게 수정할 수 있습니다. 전 세계 200여 개 언어로 만들어지고 있습니다.

우리는 모르는 내용이 있으면 곧바로 스마트폰이나 노트북을 꺼내 듭니다. 구글이나 위키피디아를 비롯한 웹사이트는 인터넷 연결이 가능한 누구에게나 엄청난 양의 정보를 제공합니다.

없이도 시간에 구애받지 않고 양질의 교육을 무료로 접할 수 있습니다. 미국 대학가에서 시작된 공개 온라인 대중 공개 강좌인 MOOK Massive Open Online Course는 테드, 코세라, 유다시티 등 어디서든 인터넷을 통해 무료로 강의를 들을 수 있는 새로운 교육 시스템을 탄생시켰습니다.

그러나 이렇게 발달된 인터넷 정보 기술을 전 세계 모든 사람이 누리고 있는 것은 아닙니다. 교육·과학·문화 등의 분야에서 각국이 협력하기 위해 만든 국제연합 산하 기구인 유네스코UNESCO에 따르면 아직까지 인터넷을 사용하지 못하는 인구는 전 세계 30억 명에 달합니다. 그리고 이 중 4분의 3이 20개 국가에 집중되어 있습니다. 이른바 개발도상국, 또는 빈곤국으로 불리는 국가들의 많은 사람이 인터넷의 혜택을 받지 못하고 있다는 뜻입니다. 정보접근성에서 이미 빈부 격차가 존재하고 있는 것이죠.

4차 산업혁명의 시대에 우리는 온라인과 오프라인의 구분이 사라진 세상에 살게 될 것입니다. 이 시대의 수혜자는 지적·물리적 자본을 소유하고 제공할 수 있는 사람이 될 확률이 높습니다. 양질의 정보를 얼마나 빠르게 습득하고 소유하는지가 미래 사회의 리더를 결정하는 중요한 요소가 될 것입니다. 방대한 양의

> ⊗ ⊖ ⊕
>
> **4차 산업혁명**
>
> 사물인터넷, 인공지능, 빅데이터, 드론 등의 첨단 정보통신 기술이 주도하는 차세대 산업혁명을 말합니다. 이 용어는 2016년 6월 스위스에서 열린 세계경제포럼에서 의장인 클라우스 슈밥이 처음으로 사용하면서 화제가 되었습니다. 4차 산업혁명의 기술이 발달하면 실제와 가상현실이 통합되어 언제든 네트워크에 접속하거나 사물을 제어할 수 있습니다.

정보와 디지털 기술력의 소유는 절대적 자산이 될 것입니다. 페이스북, 유튜브 등의 기업을 봐도 알 수 있듯이 초기 자본이 들지 않는 사업이 엄청난 크기의 빅데이터로 전 세계에 영향력을 미치는 거대한 사업이 되는 사례가 더 많아질 것입니다.

······

정보접근성의 빈부 격차를
줄이기 위한 노력

세계 최대의 통신 기업 구글에는 구글X라는 프로젝트 팀이 있습니다. 구글 최고의 브레인 집합체라고 불리며 인류의 삶을 바꾸어 줄 획기적인 연구와 실험을 비밀리에 진행하는 팀입니다. 그중에서 대표적인 실험은 프로젝트 룬Progect Loon 입니다.

프로젝트 룬은 전 세계 누구나 인터넷을 사용할 수 있도록 열기구 같은 커다란 풍선을 높은 고도에 띄워 해당 지역에 무선 인터넷을 제공하는 계획입니다. 풍선의 크기는 15미터에 달하고 영하 섭씨 82도까지 견딜 수 있습니다. 이 대형 풍선에 통신 장비를 달아 비행기가 다니는 고도보다 더 높은 20킬로미터 상공에 띄우면, 지상에 설치된 안테나가 풍선에 달린 통신 장비와 송수신을 해 해당 범위에서 인터넷을 무료로 제공합니다. 구글은 인터넷에 접속하지 못하고 있는 전 세계 3분의 2의 사람들을 위해 이 프로젝트를 구상했다고 밝혔습니다. 프로젝트 룬으로 학교에 가지 못하는 아이들이 원격으로 교육을 받고, 병원이 없는 오지에서 원격으로 진료를 하고, 다양한 정보도 얻을 수 있다는 것입니다. 현재 인터넷을 사용하지 못하는 낙후 지역들에 인터넷 사용 장비를 설치하려면 비용이 천문학적으로 드는데 그보다 훨씬 적은 비용이 드는 풍선을 띄워 모두가 인터넷을 사용하게 만들겠다는 목표입니다. 2013년 뉴질랜드의 남섬에서 첫 번째 실험을 진행한 이후로 아시아의 스리랑카, 아프리카의 케냐 등 다양한 지역에서 상용화를 위한 시도를 계속하고 있습니다. 신뢰성·안정성·수익성 등을 이유로 기술적 한계를 지적하는 글로벌 통신사들의 우려도 있지만 인터넷의 혜택을 받지 못하던 사람들에게 프로젝트 룬은 반가운 소식이 아닐 수 없습니다.

전 세계인이 무료로 인터넷을 사용할 수 있게 하겠다는 목표는 구글만 가지고 있는 게 아닙니다. 민간 우주탐사 기업인 스페이스X의 프로젝트 중 하나인 스타링크Starink는 2018년 미국 연방통신위원회로부터 1만 1,943대의 위성 발사를 허가받았습니다. 이 역시 전 세계에 무료 인터넷을 제공하려는 계획입니다. 스페이스X는 2027년까지 1만 1,943개의 위성을 쏘아 올리고 최종적으로 4만 2,000여 개의 위성을 쏘아 올리겠다고 밝혔습니다.

미국의 인터넷 쇼핑몰 아마존의 CEO이자 민간 우주 기업 블루오리진Blue Origin의 창업자인 제프 베이조스Jeff Bezos도 인공위성을 통해 고속인터넷을 제공하는 사업 프로젝트 카이퍼Kuiper를 진행 중입니다. 또 페이스북에서는 아퀼라Aquila라는 태양열로 구동되는 무인 비행기를 통해 오지를 날면서 인터넷을 제공하는 시도를 했습니다. 실험은 끝났지만 여전히 전 세계 무료 인터넷을 실행하려는 목표를 가지고 있다고 합니다. 우리나라에도 비슷한 목표를 연구하는 시도가 있었습니다. 2015년 삼성전자에서 발표한 〈천국으로부터의 모바일 인터넷〉이라는 제목의 연구 개발 보고서에는 4,600대의 위성을 사용해 무료 인터넷을 제공하는 계획이 담겨 있습니다.

2019년 기준으로 전 세계 인구는 77억 명입니다. 그중 인터넷을 쓰는 사람은 43억 명에 달합니다. 절반을 넘어섰지만 여전히 많은 인구가 인터넷이 없는 삶을 살고 있습니다. 아프리카의 사용률이 특히 낮고 아시아도 낮은 편입니다. 모든 것이 연결되는 사물인터넷이 점차 보편화되면 인터넷을 하지 못하는 것은 전 세계로부터 고립되는 일일지도 모릅니다. 평등한 정보접근성을 위한 다양한 프로젝트는 오늘도 진행되고 있습니다.

· · · · · ·

교육으로 불평등을
없앨 수 있을까?

미래 사회의 평등은 교육에 달려 있습니다. 사회·경제적으로 심화되어 가는 불평등을 해소하려면 누구에게나 공평하게 제공되는 양질의 교육이 필요하다는 뜻이죠.《제2의 기계 시대The Second Machine Age》라는 책을 쓴 메사추세츠공과대학교의 에릭 브린욜프슨Erik Brynjolfsson 교수는 "기술 발전이 초래하는 불평등을 해결하는 가장 핵심적 방법은 교육에 대한 투자다"라고 말했습니다.

대한민국 헌법 제31조 제1항은 "모든 국민은 능력에 따라 균등하게 교육을 받을 권리를 가진다"라고 규정하고 있습니다. 교육은 인간이 자기 자신을 인식하고 계발해 나가는 데 꼭 필요하기 때문입니다. 4차 산업혁명 시대에는 인터넷을 통한 정보접근성도 모든 국민이 균등하게 높은지 고려해야 합니다.

오늘날 전 세계 인구의 대부분은 다양한 형태의 매체로 점점 더 나은 교육을 받고 있습니다. 글을 읽고 쓸 수 있는 비율을 식자율이라고 하는데 유네스코의 통계에 따르면 동아시아 태평양 지역의 성인 식자율은 95퍼센트, 중앙아시아에서는 거의 100퍼센트에 다다릅니다. 청소년의 경우에도 중앙아시아는 거의 100퍼센트 읽고 쓸 수 있으며, 동아시아 태평양 지역도 99퍼센트에 달합니다. 물론 아프리카 지역을 비롯해 아직도 식자율이 낮은 나라들과 학교에 다니지 못하는 어린이들이 있습니다. 하지만 전 세계에 균등한 교육 기회를 주려는 국제적 움직임과 각국의 노력으로 교육의 양과 질은 점점 나아질 것으로 예측됩니다.

빅데이터와 사물인터넷은 방대한 양의 정보를 실시간으로 제공하고 이를 이용하게 해주는 노트북, 컴퓨터, 스마트폰의 가격은 더

미래 사회의 평등은 교육에 달려 있습니다. 사회·경제적으로 심화되어 가는 불평등을 해소하려면 누구에게나 공평하게 제공되는 양질의 교육이 필요하다는 뜻이죠.

많은 제품이 보급되면서 앞으로 점점 낮아질 것입니다. 저렴해진 디지털 기기가 널리 공급될수록 더 많은 사람이 지식과 정보에 더욱 쉽게 접근할 수 있을 것입니다. 기술과 연구의 성과를 전 세계에 널리 균등하게 제공하는 일이 미래 교육의 중요한 과제일 것입니다.

미래의 교육은 어떻게 달라질까?

교육의 목표는 단순히 지식을 전하는 데만 있지 않습니다. 각 분야의 전문성을 지닌 인재를 키워 내거나 개인이 자신에게 맞는 직업을 찾을 수 있도록 돕는 것도 중요한 목표입니다. 그런데 최근 미래의 교육과 직업 전망을 우려하는 목소리가 큽니다. 인공지능과 로봇 과학기술은 지금의 청소년 세대 또는 그다음 세대가 가질 직업의 종류와 특징을 완전히 바꿔 놓을 것입니다. 2050년경에는 기술직으로 분류되는 많은 직업이 로봇과 인공지능에 밀려 사라질 것이며, 인류의 절반이 실업 상태에 이를지도 모른다는 예측도 있습니다. 이런 변화에 대응하기 위해 인간의 교육은 어떻게 달라져야 할까요?

교육의 변화는 이미 전 세계에서 일어나고 있습니다. 여러 국가에서 코딩을 의무교육으로 지정하고 있습니다. 중국은 앞으로 몇 년 이내에 40만 개의 초등학교에 3D 프린터를 보급할 계획입니다.

교육 선진국이라 불리는 핀란드는 2016년부터 학문 간 융합 교육은 물론 현상기반 학습Phenomenon-Based Learing이라고 불리는 교육을 학생들에게 실시하고 있습니다. 이는 기존 교과목이 아니라 지금 우리 주변에서 일어나는 사건과 현상을 가르치는 교육입니다. 4차 산업혁명이 요구하는 융합·복합적 사고를 아이들에게 가르치기 위한 것으로 학생들이 실생활에서 부딪치는 현상들과 문제를 다양한 과목의 지식과 방법론으로 해결해 나갈 수 있게 돕습니다. 또한 과학이나 수학뿐 아니라 음악, 체육 등의 예체능 과목에도 소프트웨어 교육이 함께 이루어져 코딩과 프로그래밍을 쉽게 접하게 하고, 기술이 실생활에서 어떤 역할을 하고 영향을 미치는지 이해시키죠.

미래 사회는 원격으로 대부분의 교육이 가능해져 온라인 가상현실 교육, 인공지능 시스템에 기반한 가상화 교육, 게임화된 교육 등이 많아질 것입니다. 또한 미래의 교육은 지식이나 정보를 단순히 전달하기만 하는 것이 아니라 디지털 시스템과 인간이 연결되어 상호작용할 수도 있을 것입니다. 인간의 뇌를 연구하는 인지과학을 접목해 인간과 컴퓨터가 연결되는 기술이 개발되어 학습에 활용될 것입니다.

이처럼 개인과 공동체에 주어지는 기술적 역량이 과거보다 훨씬 커지기 때문에 공공의 목표와 이익, 윤리, 책임 등에 대한 교육도 더욱 복합적이고 심도 있게 이루어져야 할 것입니다.

2부

보건과 복지

전염병을 막으려면 어떻게 해야 할까?

2027년 10월 20일 　　　　　　　다른일보 이미래 기자

대한민국, 세계 보건의 기준이 되다

대한민국 질병관리본부의 전염병 관리 지침이 세계보건기구WHO, World Health Organization의 공식 전염병 대처 기준으로 지정되었다. 세계보건기구의 사무총장은 지난 2020년 전 세계를 팬데믹전염병이 세계적으로 대유행하는 상태에 빠트린 코로나바이러스감염증-19 사태를 잘 대처해 낸 우리나라의 전염병 관리 시스템을 다른 국가들에도 적용하겠다고 발표했다. 이는 전 세계 30여 명의 보건 전문의로 이루어진 세계보건기구 이사회의 만장일치로 결정되었다. 이사회는 빠르고 적극적인 대처로 바이러스 증식을 잘 막아 낸 우리나라의 전염병 관리 지침이 다른 나라에도 효과적으로 작용할 것이라 판단했다.

　2019년 중국 우한에서 처음 발생해 전 세계로 확산된 코로나바이러스감염증-19는 처음 감염자가 나타난 후 공식 종결 상황이 나오기까지 수만 명의 사상자를 발생시켜

21세기 최악의 바이러스라고 불린다. 그러나 우리나라는 신종 바이러스의 발생 초기부터 진단 키트 개발에 힘을 실었고 하루 1만 건 이상 검사할 수 있는 역량을 키웠다. 영국 BBC 방송을 비롯한 세계 언론에서 우리나라의 대응을 모범 사례로 소개했으며, 전 세계의 많은 나라가 우리나라의 진단 키트를 수입하고 싶다는 요청을 쏟아 냈다.

빠르면 2028년부터 모든 나라는 세계보건기구가 제시하는 공통 방역 관리 지침을 따라야 하며 이를 어기면 국제법 위반으로 제제를 받을 수 있다. 이는 전 세계가 협력해야만 인류를 위협하는 전염병에 대처할 수 있다는 국제사회의 위기감이 만들어 낸 결과다.

전염병과 싸워 온
역사

전염병은 언제부터 인류에게 공포를 안겨 주었을까요? 과거 인류의 역사는 바이러스로 퍼진 전염병의 역사로도 볼 수 있습니다. 선사시대에는 인간이 싸움과 약탈, 전쟁 등으로 목숨을 잃는 경우가 더 많았습니다. 그런데 선사시대를 지나 소, 양, 말, 염소 등의 가축을 기르기 시작하면서 전염병의 역사가 시작되었습니다. 동물들이 먼저 감염된 다음 그 바이러스가 사람에게 전파되었고, 사람들이 집단을 이루고 대륙과 대륙을 이동하기 시작하면서 전염병은 널리 퍼지기 시작합니다.

많은 전염성 질병이 구석기 말인 약 8,000년 전에 등장하지만 인류를 본격적으로 위협하기 시작한 것은 5~16세기 무렵의 중세시대입니다. 유럽에서는 인구의 증가와 자원의 고갈, 이로 인한 전쟁과 무역이 성행하면서 전염병이 널리 퍼지기 시작합니다.

전염병은 전쟁보다 더한 공포의 존재였고 한 국가, 크게는 특정 시기의 한 문명을 몰락시키기도 했습니다. 고대 그리스의 도시국가 아테네와 스파르타가 전쟁을 벌일 때는 장티푸스가 퍼져 전체 아테네 인구의 25퍼센트인 7만 5,000명~10만 명 정도가 사망했습니다. 1300년대 중앙아시아에서 발원했다고 추정되는 흑사병은 14세기 유럽으로 진입해 유럽 인구의 절반을 죽게 했습니다. 19세기까지 총 7,500만~2억 명에 달하는 유럽인이 흑사병으로 사망했습니다. 1812년 프랑스 나폴레옹의 러시아 원정 실패는 추위가 아닌 전염병 티푸스 때문이라는 추측도 있습니다. 프랑스에서 출발할 때는 60만 명이었던 군대가 러시아에 도착했을 때는 13만 명으로 줄었습니다. 19세기에 가장 사람들을 두렵게 했던 전염병은 물을 통해 전염되는 콜레라였고, 1800년대 영국에서만 3만 명 이상이 콜레라로 사망했습니다. 이를 계기로 상하수도 시설이 정비되고 공공의료법 및 공중위생법 등이 생겨났습니다. 1900년대에 발생한 스페인독감으로 인한 사망자는 당시 유럽을 휩쓸었던 제1차 세계대전의 사망자보다 세 배나 많은 5,000만 명 이상이었습니다. 우리나라에서도 1918년 '무오년 독감'이라는 이름으로 14만 명의 목숨을 앗아갔습니다.

······

21세기는
전염병의 시대

오늘날은 의료 기술이 매우 발달했지만 세계보건기구는 21세기를 '전염병의 시대'라 규정했습니다. 교통수단의 발달과 국가 간 활발한 교류가 이루어지면서 전염병의 전파 속도가 매우 빨라졌기 때문입니다. 2003년 발생한 사스는 중국에서 홍콩, 그리고 세계 32개국으로 퍼져 나가 8,000여 명을 감염시켰고 치사율은 무려 10퍼센트에 달했습니다. 2009년에는 신종 인플루엔자, 2012년에는 메르스, 2014년에는 에볼라바이러스, 그리고 2019년에는 코로나바이러스감염증-19가 퍼지는 등 전염병은 지속적으로 발생하고 있습니다.

인류가 전염병을 완전히 극복해 낸 경험은 없을까요? 다행히 그런 사례도 있습니다. 천연두는 기원전 1500년 고대 인도에서 발병해 유럽 전역에 퍼졌고 16세기에는 스페인의 남미 침략으로 아메리카대륙에 퍼지면서 원주민을 몰살시켰습니다. 2,000만 명 이상의 원주민이 천연두로 사망하며 아즈텍 문명은 사라졌습니다. 이후 천연두는 북극에 가까운 알레스카까지 번지며 인류의 거대한 적으로 존재했습니다. 우리나라에서도 천연두로 죽는 환자가 오랫동안 많았고 6·25 한국전쟁 중이었던 1951년에만 4만여 명의 환자가 발생했습니다. 그러다가 1796년 영국의 외과 의사인 에드워드 제너Edward Jenner가 종두법을 개발해 백신이 만들어졌고, 백신을 활용한 세계보건기구의 천연두 근절 계획이 진행되면서 우리나라에서는 1960년대 이후 환자가 사라졌습니다. 세계보건기구는 1980년 천연두가 완전히 사라졌다고 발표했습니다.

이외에도 활발한 백신 연구가 이루어지면서 1950년을 마지막으로 소아마비가 근절되었고 홍역, 티푸스, 풍진 등의 질병을 치료하는 다양한 백신도 개발되었습니다.

그럼에도 새로운 바이러스가 계속 출현하면서 인류는 여전히 전염병이 발생하면 바이러스나 박테리아를 확인하고, 그에 대한 백신

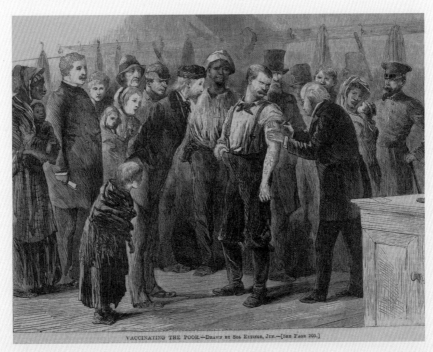

VACCINATING THE POOR.—DRAWN BY SOL EYTINGE, JUN.—[SEE PAGE 205.]

1872년 미국 뉴욕에서 사람들에게 천연두 예방 접종을 하는 풍경을 그린 그림입니다. 1796년 백신이 개발되어 인류는 천연두를 완전히 없애는 데 성공했습니다.

을 개발해 치료하고 예방하는 과정을 반복하고 있습니다. 다가올 미래에 인류는 전염병에서 자유로워질 수 있을까요?

⋯⋯

전염병을 막기 위한
국제적 컨트롤타워

전 세계의 보건을 위해 만들어진 기구가 있습니다. 보건과 위생 분야의 국제적 협력을 위해 설립된 세계보건기구입니다. 1948년에 국제연합의 산하 기구로 설립된 세계보건기구의 목표는 세계 모든 사람들이 신체적, 정신적으로 가장 건강한 상태를 유지하게끔 하는 것입니다. 세계보건기구는 전 세계를 대표하는 중앙 검역소로서 회원국에 질병에 대한 연구 자료를 제공합니다. 또한 유행성 질병 및 전염병에 대한 대책을 마련해 알리며 회원국의 공중보건에 관련된 행정을 강화하고 지원하는 등의 일을 담당합니다. 전염병을 포함한 대규모 질병을 통제하는 국제적 컨트롤타워라 할 수 있습니다. 현재 총 194개국이 가입되어 있으며 대한민국은 1949년 총회 때 가입했습니다.

세계보건기구 회원국들은 원인이나 치료법을 알 수 없는 신종 감염병이 발생하면 24시간 이내에 세계보건기구에 알리고 대응해야 합니다. 만약 알리지 않는 경우 국제법 위반에 해당합니다. 그러나 아직 법적 강제력은 없어 국제 보건 규칙을 위반하더라도 해당 국가에 제재를 가할 방법이 없습니다. 그래서 전 세계 보건 전문가들은 전염병에 효과적으로 대응하기 위해서는 회원국의 의무에 강제성이 필요하다고 지적하고 있습니다.

2020년 3월 11일 코로나바이러스감염증-19는 국제적 공중보건비상사태를 넘어서서 감염병 경보 단계의 최고 등급인 팬데믹으로까지 이어졌습니다. 그런데 세계보건기구는 팬데믹 선포를 늦게 해 더 많은 피해를 가져왔다

팬데믹

전염병이 2개 대륙 이상으로 확산되어 전 세계적으로 유행할 때 세계보건기구에서 내리는 최고 경고 등급입니다. 인류 역사에서 팬데믹으로 분류할 수 있는 질병은 흑사병과 스페인독감이 있습니다. 세계보건기구가 설립된 이래 지금까지 팬데믹이 선언된 경우는 1968년의 홍콩독감부터 2009년의 신종플루, 2020년의 코로나바이러스감염증-19까지 세 차례입니다.

는 국제사회의 비판을 받았습니다. 회원국들의 지원금으로 운영되는 세계보건기구가 바이러스 발생국인 중국의 막대한 지원금 때문에 눈치를 보느라 대처를 늦게 했다는 것입니다.

감염병의 위협이 계속되는 21세기에 세계보건기구의 영향력과 중요성은 더 커지고 있습니다. 그렇기에 세계보건기구는 더욱 투명하게 운영되어야 할 것입니다. 또한 각국은 발생한 전염병에 대한 정보를 즉각 국제사회와 공유해야 합니다.

전염병을 극복하기 위한
다양한 노력

《총, 균, 쇠Gus, Germs, and Steel》의 저자이자 문화인류학자인 재러드 다이아몬드Jared Diamond는 인류가 앞으로 맞이할 위협 중의 하나로 전염병을 언급했습니다. 인류는 지금도 극복하지 못한 감염병과 코로나바이러스감염증-19와 같이 새롭게 발생할 전염병의 예방을 위해 연구와 노력을 계속하고 있습니다.

에이즈, 조류독감, 사스, 에볼라, 메르스, 코로나바이러스감염증-19 등 현대 인류의 보건을 위협한 전염병은 앞서 설명했듯 대부분 동물에게서 전파되었습니다. 박쥐, 새, 유인원, 낙타 등 다양한 동물을 숙주로 해 인간에게 전염된 질환들입니다. 이러한 인간동물공통 전염병은 현재까지 120여 종으로 파악되고 있습니다. 미국의 국립 바이오테크놀로지 정보센터NCBI, National Center for Biotechnology Information가 운영 중인 유전자 은행인 젠뱅크GenBank에는 30만여 생물종의 유전자 정보가 등록되어 있고, 그 데이터는 계속해서 늘고 있습니다. 젠뱅크는 세계 모든 학자가 자유롭게 정보를 입력하고 사용할 수 있도록 데이터베이스를 공개하고 있습니다. 앞으로 어떤 바이러스가 출현하고 변종될지 예측하기는 어렵지만 이처럼 데이터베이스를 구축하고 분석하는 시도는 전염의 확산을 막고 치료약을 개발하는 데 도움이 될 것입니다.

마이크로소프트의 창업자이자 막대한 자산가인 빌 게이츠와 배우자인 멀린다 게이츠는 21세기 전염병의 위험을 예상하고 '빌앤멀린다 게이츠 재단'이라는 자선 단체를 세워 다양한 활동을 벌이고 있습니다. 빌앤멀린다 게이츠 재단은 국제적인 질병과 빈곤 퇴치, 교육 지원을 위한 자선 사업을 벌이고 이와 관련된 연구에 연구비를 지원합니다. 2017년에는 잠재적인 전염병의 위험에 대비해 '백신의 사전 개발 및 비축을 위한 연합 연구 집단CEPI, The Coalition for Epidemic Preparedness Innovations'도 출범시켰습니다. CEPI는 빌앤멀린다 게이츠 재단을 비롯해 독일, 노르웨이, 일본 등에서 4.6억 달러를 지원받아 시작됐고 다양한 단체 및 기업의 지원을 받아 연구를 진행하고 있습니다.

2019년 10월, 미국 존스홉킨스대학교의 보건안전센터와 세계경제포럼, 빌앤멀린다 게이츠 재단은 이벤트201Event 201이라는 가상 시뮬레이션을 발표했습니다. 이 시나리오에서는 새로운 바이러스가 브라질에서 나타나고 최초 감염자를 시작으로 남아메리카와 미국, 중국으로 전파되어 세계적인 유행이 일어나는 사태를 예측하고 있습니다. 6개월 만에 전 세계로 퍼져 18개월 만에 6,500만 명이 사망하는 이 시나리오는 엄청난 사회·경제적 혼란을 예견하며, 백신이 개발되거나 인구의 80~90퍼센트가 감염된 이후에야 바이러스 전파가 멈추는 내용을 담고 있습니다. 재단 측은 팬데믹 상황에서 사회·경제적인 부작용이 생기기 전에 미리 범지구적 대책을 논의하자는 의도로 이 프로젝트를 진행했습니다. 2020년 코로나바이러스감염증-19로 전 세계가 혼란에 빠지자 빌앤멀린다 게이츠 재단은 백신을 개발하는 공장 설립을 위해 막대한 지원 계획을 발표하기도 했습니다.

이외에도 세계보건기구와 전 세계 각국의 정부, 여러 민간 기업과 단체들이 전염병을 막고 예방하기 위한 다양한 연구와 시도를 지속하고 있습니다. 2019년 미국 존스홉킨스대학교 건강안전센터 연구원들은 〈지구촌의 생물학적 재앙과 위험에 대처하는 기술들〉이라는 보고서를 발표했습니다. 이 보고서는 전염병에 대처하는 전통적 방법은 너무 느리거나 범위가 제한되어 있다고 지적합니다. 더 나아가 환경 탐색을 위한 드론 네트워크, 병원체를 발견하는 원격 감지 기술, 휴대용 질량 분석기, 의약 제조를 위한 합성생물학, 드론을 이용한 원격 약품 배달이나 로봇과의 원격 의료 등 열다섯 가지의 기술을 소개했습니다.

미국의 수의학자 마크 제롬 월터스Mark Jerome Walters는 2003년 자신의 저서에서 에코데믹ecodemic 개념을 소개했습니다. 에코데믹은 전통적 의미의 전염병이 아닌 '환경 감염병'을 뜻하는 단어로, 저자는 인류가 지구환경과 생태계를 파괴하면서 신종 전염병과 감염병이 확산되고 있다고 주장합니다.《클라이브 폰팅의 녹색세계사》의 저자인 클라이브 폰팅Clive Ponting은 인류의 삶이 수렵사회에서 농경사회로 바뀌고 가축을 키우게 되면서 다양한 질병에 노출되었다고 말합니다. 지금은 교통수단이 발달하고 활발한 교역과 여행 등의 교류가 늘어나면서 전염병은 더욱 쉽게 전 세계로 확산됩니다. 그래서 다양한 예방법과 백신, 방역, 보건, 의학 기술 등의 발달에도 인류는 전염병에서 자유롭지 못합니다.

마크 제롬 월터스는 인간이 전염병을 극복하기 위해 위생의 개선과 의학의 발전에 의지하는 것만으로는 부족하다고 말합니다. 자연 생태계를 보존해 환경과 인간 사이의 균형을 유지하지 않으면 신종 전염병은 계속해서 발생할 것이라 예상됩니다. 환경을 보존하려는 노력, 새롭게 나타날 전염병을 예방하고 대비하려는 연구와 시도, 보건과 위생에 대한 전 세계의 협력과 지원 등이 21세기 인류의 커다란 과제입니다.

가난한 나라의 아픈 사람도 제때 치료받을 수 있을까?

2042년 4월 25일   다른일보 이미래 기자

말라리아가 지구상에서 완전히 사라지다

"2042년, 인류는 드디어 말라리아에서 자유로워졌습니다!" 세계보건기구 의장의 선언에 세계 각국의 인사들은 환호성을 질렀다. 말라리아 전염 환자 비율이 지난 2041년을 기준으로 전 세계 모든 국가에서 0퍼센트를 달성한 것이다.

농경사회 이후 인류를 괴롭혀 왔던 말라리아는 2019년까지도 한 해에만 66만 명의 목숨을 앗아 가고 2억 2,000명을 감염시킨 질병이다. 모기를 통해 전염되는 말라리아를 퇴치하기 위해 세계보건기구, 국제연합 같은 공적 기관부터 빌앤멀린다 게이츠 재단, 랜싯 말라리아 퇴치 위원회 등 다양한 단체와 기업들이 그동안 많은 투자와 노력을 기울여 왔다.

지난 2025년 각국의 지도자들이 모여 모기의 유전자를 편집해 말라리아 전염을 축소시키는 유전자 가위 기술을 본격적으로 사용하기로 합의하면서 퇴치가 시작되었다. 유전자 가위 기술에 대한 윤리적인 논란이 많았지만 세계 지도자들은 엄격한 검열 기준을 지정해 질병 퇴치에 쓰일 경우에만 허가하기로 합의했다. 말라리아를 시작으로 에이즈, 결핵, 암에 이르기까지 유전자 공학을 통해 인류가 질병을 극복할 수 있을 거라는 희망이 전 세계 질병으로 고통받는 환자들에게 생겨나고 있다.

　세계보건기구는 지난 34년간 '세계 말라리아의 날'이었던 4월 25일을 '세계 말라리아 박멸의 날'로 변경한다고 밝혔다. 세계보건기구 의장은 "인류의 질병 극복을 위해 전 세계는 하나가 되어야 합니다. 각국의 지도자와 연구자가 협력한다면 말라리아처럼 지구상에서 사라질 질병들이 더 늘어날 것입니다"라는 기념사를 남겼다.

빈곤국에서 사라지지 않는
질병

병에 걸리고 않고 건강하게 살고 싶은 것은 모든 사람의 바람일 것입니다. 가난할수록 질병에 잘 노출되고 목숨을 잃는 비율이 높다는 사실을 알고 있나요? 말라리아와 에이즈는 결핵과 함께 '가난한 질병', '소외된 질병'으로 불리는 대표적인 질환입니다. 이 질병은 주로 가난한 국가와 지역에서 발생합니다. 위생이 좋지 않고 경제적 지원도 부족한 환경에서는 치료를 제대로 받기도 힘들기에 이는 곧 사망자의 증가로 이어집니다. 백신과 치료약이 부족한 가난한 국가의 환자들은 국제사회의 도움이 있어야 질병을 극복할 수 있습니다.

에이즈는 왜
사라지지 않을까?

매년 12월 1일은 '에이즈의 날'입니다. 세계보건기구가 에이즈를 예방하고 에이즈에 대한 편견을 없애기 위해 제정한 날입니다. 에이즈는 1981년에 최초로 세상에 알려진 바이러스에 의한 질병으로 한동안 불치병의 상징이었습니다. 에이즈의 다른 명칭은 '후천성면역결핍증후군'으로, 이 증후군의 원인이 되는 바이러스를 '면역결핍바이러스^{HIV}'라고 부릅니다. 이 바이러스에 감염되면 초기의 급성증후군 시기를 지나 10년 정도의 잠복기를 거치게 됩니다. 그동안 신체 면역에 중요한 역할을 하는 T세포의 수가 줄어들면서 면역력이 점점 떨어지게 됩니다. 또한 바이러스가 면역 기능을 잘못 작동시켜 당뇨병, 암 등의 만성 질환에 걸릴 확률이 높아집니다. T세포의 수치가 일정 개수 미만으로 떨어지면 면역력이 극도로 저하되면서 폐렴, 내수막염 등의 감염이 늘어나기 시작합니다. 이 상태에 이르면 비로소 에이즈라는 병명으로 불리게 됩니다. 면역결핍바이러스에 전염되었을 때 항바이러스 투약 등의 조치를 받지 않으면 10년 후에는 감염자의 50퍼센트가, 15년 후에는 75퍼센트가 에이즈 환자가 됩니다. 계속 치료를 받지 못할 경우 각종 질환이 발생하고 체중이 줄며 고통스럽게 죽게 됩니다.

에이즈의 기원은 정확하게 밝혀지진 않았지만 아프리카에서 시작된 것으로 추정됩니다. 원숭이를 식용으로 기르고 먹는 아프리카 지역에서 수백 년 전 처음 발생했다고도 하고, 그 원형이 3만 년 전 원숭이와 유인원들에게 이미 있었다는 주장도 있습니다. 아프리카의 대규모 인구 이동과 강제 노동 등에서 퍼져나간 것이라 보는데, 왜 20세기에 들어서야 인간에게 발현되었는지는 아직 설명되지 않았습니다.

초창기 에이즈 환자가 동성애자 남성에게서 많이 나타났다는 이유로 기독교 등의 종교계에서는 에이즈를 바라보는 시선이 매우 좋

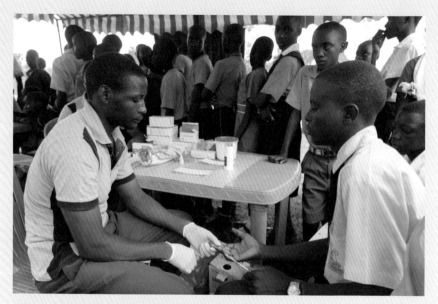

아프리카 우간다에서 주민들이 에이즈 검사를 위해 혈액을 추출하는 모습입니다. ⓒ Adam Jan Figel

지 않습니다. 그러나 에이즈의 원인은 동성애와는 상관이 없고 위생적이지 않은 수혈 과정과 환경에서도 전염될 수 있습니다.

· · · · · ·

가난한 나라에서
질병을 퇴치하려면

세계보건기구는 2018년 기준 전 세계 에이즈 환자는 3,790만 명이고 2020년까지 매년 50만 명이 새로 감염될 것으로 전망했습니다. 이 중 3분의 2가 사하라 이남 아프리카에 거주하고 있으며 23만 명은 어린이 환자입니다. 우리나라에서는 1985년 남성 외국인이 에이즈 감염인으로 처음 등장했고, 2000년 초반까지 확진자의 숫자가 연평균 30.8퍼센트 정도로 늘어났지만 2005년 이후로는 점차 전염되는 속도가 줄어들었습니다. 2018년 기준 한 해 신규 에이즈 환자는 1,206명입니다. 이는 그 전해보다 19퍼센트 감소한 수치입니다.

에이즈는 제대로 된 치료제가 만들어지기 전에는 치사율이 90퍼센트에 달했습니다. 특히 면역결핍바이러스는 인간의 DNA에 결합하는 특징을 가지고 있기 때문에 치료가 쉽지 않습니다. 그러나 과학기술의 발달로 면역결핍바이러스가 인간 세포에 어떤 경로로 침투해 증식하는지 밝혀지면서 감염 경로를 방해하는 다양한 치료제가 개발되었습니다.

현재는 항바이러스 약물이 개발되어 약물을 주기적으로 복용할 경우 에이즈에 걸리지 않고 기대수명까지 살 수 있습니다. 면역결핍바이러스의 복제 능력을 억제해 증상을 완화하는 ART^{antiretroviral} ^{therapy} 치료법이 있습니다. 더 나아가 잠복기 상태로 숨어 있는 바이러스의 DNA를 완전히 제거하는 유전자 편집 치료법도 개발되었습니다. 쥐를 사용한 실험에서 성공해 멀지 않은 시기에 인간을 대상으로 한 임상시험도 가능해질 거라고 전망됩니다.

세계보건기구는 2030년까지 에이즈를 종식시키기 위해 '90-90-90' 전략을 2020년까지의 목표로 제시했습니다. 환자의 90퍼센트가 검사를 받아 감염 사실을 인지하고, 확인된 감염자의 90퍼센트가 치료를 받고, 치료를 받은 환자의 90퍼센트가 치료 효과를 보게 하는 계획입니다. 현재 개발된 치료제로 에이즈 환자의 97퍼센트가 생명을 유지하고 있고, 에이즈 환자가 타인에게 에이즈를 전염시킬 확률도 절반 이하인 47퍼센트로 줄었습니다.

하지만 환자가 본인의 감염 사실을 모르거나 치료를 받지 않고 있는 경우가 여전히 많습니다. 높은 치료 성공률에도 환자의 자각과 치료 비율이 낮은 이유는 에이즈 환자를 대하는 편견과 차별 때문입니다. 에이즈에 노출되기 쉬운 취약 계층에서의 검사와 치료가 잘 이루어질 수 있도록 에이즈에 대한 사회적인 인식이 달라져야 합니다. 또한 가난한 국가들의 에이즈 발병률이 낮아지도록 국제적인 지원과 인식의 변화가 필요합니다.

'에이즈, 결핵, 말라리아 퇴치를 위한 글로벌 펀드Global Fund to Fight AIDS, Tuberculosis, and Malaria'는 질병의 예방과 치료를 위해 전 세계적인 기금을 조성하고 관리해 기존의 국제기구를 보조하는 역할을 하는 국제단체입니다. 2002년 코피 아난 국제연합 사무총장이 에이즈 퇴치를 위한 범세계적 재원 마련을 요청하면서 설립되었습니다. 이 글로벌 펀드의 지원을 받아 2018년 1,890만 명의 사람들이 면역결핍바이러스에 대한 치료를 받았습니다. 펀드가 만들어진 이래 3,200만 명의 생명을 구했다고 하며 지난 10년간 면역결핍바이러스, 말라리아, 결핵으로 인한 사망자는 그 수가 거의 절반으로 줄어든 상태입니다. 가까운 미래에 면역결핍바이러스와 에이즈를 박멸하기 위해서는 극빈 지역에 대한 세계의 관심과 지원, 새로운 감염자를 감소시키는 예방과 치료, 치료법에 대한 지속적인 투자와 개발이 계속되어야 할 것입니다.

······

아프리카가 몸살을 앓는 이유, 말라리아

말라리아는 말라리아 원충에 감염된 모기에 물렸을 때 걸리는 급성 열성 질환입니다. 발열, 기침, 설사 등으로 시작되어 치료하지 않으면 사망률이 10퍼센트 이상이고 치료를 해도 0.4~4퍼센트에 달하는 무서운 병입니다. 말라리아는 현재에도 매해 2억 1,000여 명이 감염되고, 그중 약 43만 명이 사망하는 질병입니다. 92퍼센트가 아프리카에서 발병하고 사망자의 대부분은 5세 미만의 아이들과 임산부입니다.

세계보건기구는 매년 4월 25일을 '세계 말라리아의 날'로 지정했습니다. 세계보건기구의 발표에 따르면 2018년 기준 세계적으로 약 2억 2,800만 명이 말라리아를 앓고 있는데 이는 전년도 대비 300만 명이 줄어든 수치입니다. 중국, 태국, 베트남, 캄보디아, 미얀마, 라오스 등 아시아 국가에서 발병률이 대폭 감소했기 때문입니다. 지난 10년 동안 동남아시아 국가들의 말라리아 발병률은 76퍼센트까지 감소했고, 발병자들의 사망률도 95퍼센트까지 떨어졌습니다. 캄보디아는 2018년 처음으로 말라리아 관련 사망자가 없다고 밝혔고, 인도도 감염자 수가 260만 명 줄었다고 보도했습니다. 방글라데시와 태국 역시 비슷한 양상을 보였습니다. 이 국가들은 2030년까지 말라리아를 박멸하겠다는 계획을 세우고 있고 2020년까지는 40퍼센트 이상 줄일 것이라고 밝혔습니다. 이러한 움직임으로 말라리아 박멸의 가능성은 상당히 높아지고 있습니다.

그러나 아프리카 등지에서는 말라리아 환자가 오히려 늘어나고 있고, 약 16억 명이 감염 위험에 노출되어 있습니다. 특히 어린이와 임산부가 감염 공포에 떨고 있습니다. 사하라 이남 아프리카 전체 임산부의 29퍼센트는 여전히 말라리아에 감염된 상태입니다. 이로

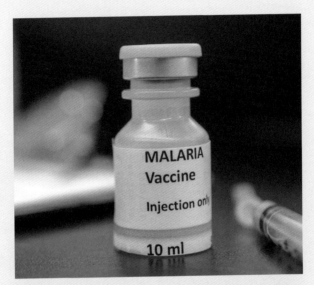

말라리아는 전 세계적으로 사라지고 있는 추세이지만 아직도 아프리카 등 지에서는 말라리아 환자가 늘어나고 있습니다. 약 16억 명이 감염 위험에 노출되어 있습니다.

인해 지금도 90만 명의 신생아가 저체중으로 태어나고 있습니다.

······

인공지능이
질병을 없앤다고?

말라리아 퇴치를 위한 연구와 노력은 지금도 여러 국가에서 이루어지고 있습니다. 2017년 영국 옥스퍼드대학교와 IBM아프리카는 협력을 통해 인공지능을 활용한 애플리케이션을 개발했습니다. 인공지능과 관련해 세계 최고 권위의 학술대회인 미국 인공지능 혁신 응용학회에서 옥스퍼드대학교와 IBM 연구팀은 말라리아를 퇴치할 새로운 방법을 발표했습니다. 이는 인공지능 알고리즘을 활용한 효과적인 말라리아 예방 및 퇴치 전략입니다. 말라리아는 모기를 통해 전염되는데, 모기는 날갯짓 소리에 따라 종류를 구분할 수 있습니다. 연구진은 모기의 소리를 수집할 수 있는 애플리케이션을 개발해 스마트폰으로 모기 관련 데이터를 수집하는 기술을 내놓았습니다. 이 데이터를 딥러닝으로 분석해 각 지역의 말라리아 전염 가능성을 예측하는 것입니다. 또한 이 애플리케이션은 현재 진행하고 있는 방충망과 가정용 살충제 보급 비율에 대한 시나리오를 예상하고, 사용할 수 있는 예산 대비 가장 효율적인 정책을 찾습니다. 지금은 시작 단계이지만 인공지능 알고리즘은 인간의 지능을 넘어선 분석과 계획으로 말라리아 박멸을 앞당겨 줄 것이라 기대를 모으고 있습니다.

2019년 랜싯 말라리아 퇴치위원회는 2050년에 말라리아가 박멸될 수 있는 가능성을 보고서로 발표했습니다. 이 보고서는 빌앤멀린다 게이츠 재단의 지원을 받아 전 세계의 유명한 말라리아 학자, 보건정책 전문가, 생물의학자, 경제학자 등 40여 명의 조사와 연구를 통해 작성되었습니다. 이들은 말라리아의 전염 과정과 대상, 도시화 등의 사회·경제적 요인과 기후변화 등의 환경적 요인의 복합적 상관관계를 파악하는 작업을 시도했습니다. 예를 들어 지구 온난화로 온도가 올라가고 강수량이 늘어날 경우 말라리아가 어떻게 번지는지 세계 지도상으로 살펴보는 것입니다.

현재와 비슷한 수준으로 예방 활동을 할 경우 2050년에도 말라리아는 곳곳에서 발생한다는 결과가 나왔고, 현재보다 살충제와 모기장 등의 예방 용품을 더 많이 배포하는 등 적극적인 예방 활동을 벌일 경우에는 2050년 아프리카에도 말라리아가 거의 발생하지 않는다는 결과가 나왔습니다. 이를 위해 더 많은 자금 지원, 살충제와 약물 내성이 생겼을 경우 대응하기 위한 약품 개발, 유전자 드라이브 연구 등이 필요하다고 밝혔습니다. 현재 말라리아 퇴치를 위해 전 세계적으로 매년 약 43억 달러가 사용되고 있는데 앞으로 매년 20억 달러가 더 필요하다는 분석도 내놓았습니다.

말라리아 박멸은 단순히 인류에게 발생한 전염병을 퇴치하는 것을 넘어 전 세계의 평등과 사회 정의에 관한 문제이기도 합니다. 선진국들의 자원으로 말라리아를 박멸하는 것은 수많은 생명을 살리는 것과 동시에 가난한 국가들의 개발과 발전, 세계의 평등과 평화에 기여하는 일입니다.

• • • • • •

질병을 없애기 위해
유전자를 조작해도 될까?

말라리아는 특정 종류의 암컷 모기에 의해 옮겨집니다. 이 모기들은 말라리아 기생충의 숙주 역할을 하죠. 이제 과학기술로 숙주가 되는 이 모기들의 유전자를 편집해 말라리아를 퇴치할 수 있다는 가능성이 전망되고 있습니다.

2016년 과학 학술지 〈사이언스〉에서는 '올해의 혁신적 기술' 열 가지 중 하나로 유전자 가위 기술을 꼽았습니다. 크리스퍼 유전자 기술로도 불리는 이 기술은 생명체의 모든 정보가 담겨 있는 유전자를 잘라 내고 편집합니다. 이 기술을 통해 말라리아에 면역성을 가진 암컷 모기를 만들 수 있습니다. 이 모기들은 말라리아를 퍼뜨리지 않습니다. 그리고 이 모기가 자손을 낳는다면 면역성을 가진 수정된 유전자는 자손 중 절반에만 전달됩니다. 따라서 개체 수를 늘려 가다 보면 영향력이 미미해질 수 있습니다. 시간이 흐를수록 말라리아 기생충이 살아남을 숙주가 사라져 가는 것이죠. 숙주가 사라지면 말라리아도 사라질 것입니다. 말라리아 외에 뎅기열과 지카 바이러스를 옮기는 모기도 있습니다. 진드기, 파리, 벼룩 등도 인류에게 질병을 옮기죠. 유전자 가위 기술은 이 같은 다양한 질병에 적용할 수 있습니다.

그런데 이 기술의 사용은 윤리적 측면에서 신중할 수밖에 없습니다. 한번 이 기술을 허용하기 시작하면 사용 범위가 어디까지 번져 갈지 예측하기 어렵습니다. 말라리아 모기에만 사용한다 하더라도 만약 기생충이 다른 방식으로 변형되어 퍼진다면 또 다른 위험을 가져올 것입니다. 말라리아로 죽어 가는 아이들과 임산부, 가난한 지역의 생명을 살리는 일과 유전자 편집 기술의 위험성 사이에서 우리는 어떤 선택을 해야 할까요? 인류는 유전자 편집 기술을 어떻게 사용해야 할까요?

난민이 사라지는 날이 올까?

2035년 7월 15일 　　　　　　　　　　　　　　다른일보 이미래 기자

전 세계 난민을 위한 가상현실 국가가 탄생하다

난민을 위한 가상현실 국가가 출범했다. 현재 전 세계에서 가장 많은 사람이 사용하는 가상현실 시스템 리얼퓨처스 Real Futures는 지난 2034년 여러 이유로 고향을 등지고 불안정한 삶을 사는 사람들을 위해 난민국을 개설했다.

종교, 정치, 환경 등 어떤 이유에서든지 자의가 아닌 강제적 사유로 삶의 터전을 잃어버린 사람이라면 리얼퓨처스에 무료로 접속할 자격을 얻는다. 접속 자체는 쉽지만 난민국의 국적 허가는 인공지능이 정밀하게 평가한다.

지금도 한곳에 정착하지 못하고 난민 캠프에서 불안정한 삶을 살고 있는 난민들은 리얼퓨처스에 접속해 서로 정보를 공유하며 떠나온 고향과 가족들의 상황을 파악할 수 있다. 아이들과 청소년들은 이곳에서 의무교육 과정을 수료할 수 있다. 또한 누구나 원하는 강좌에 접속해 지식을 습득할 수 있다. 심리 상담, 예술 치료, 다양한 게임 등을 활용

해 정신적인 스트레스와 트라우마를 치유할 수도 있다. 또한 가상현실 내에서도 취업이 가능해 새로운 정착을 위한 돈을 벌 수도 있다. 현재 난민국에는 임시 정부가 세워진 상태로, 내년에는 정식 선거를 통해 대통령을 선출할 예정이다.

리얼퓨처스의 CEO 사키나 메르비는 "제2차 세계대전 이후 역사적으로 난민은 단 한 번도 줄어든 적이 없다. 반면 다른 나라에서 난민으로 정식 인정되어 국적을 취득하는 경우는 전체 난민의 20퍼센트도 되지 않는다. 각국 정부가 난민을 다 받아들이지 못하는 현실인데 기업인으로서 할 수 있는 일을 찾다가 난민국 개념을 생각해 냈다. 현재 단계에서 필요한 것은 난민국의 정부와 지도자, 그리고 난민국에서의 경제활동과 교육 제도에 대한 전 세계적 인정과 지원이다"라고 밝혔다.

처음으로 탄생한 가상현실 국가인 난민국. 다양한 가능성과 우려가 공존하는 가운데 난민들은 자신들의 상황을 적극 대변해 줄 난민국의 출범에 크게 기뻐하고 있다.

난민은
어떤 사람들일까?

대한민국에 갑자기 전쟁이 일어난다면 우리의 일상은 어떻게 될까요? 현재 우리가 누리고 있는 자유와 안전을 보장받지 못하게 된다면 어떨까요? 정치·종교적 분쟁으로 내전이 발발하거나 테러로 목숨을 위협받게 되어 지금 살고 있는 집과 동네, 국토를 떠나야만 한다면? 게다가 떠나는 방식이 안전한 비행기나 선박이 아니라 작은 고무보트와 구명조끼가 전부라면? 아니면 8,000킬로미터가 넘는 길을 최소한의 짐만 든 채 겨우 걷고, 열악한 천막캠프 속에서 언제 상황이 바뀔지 모르는 상태로 살아가야 한다면? 우리에게 절대 일어나지 않을 일이라고 안심하나요? 다양한 이해관계가 얽혀 있는 지구상에서는 누구나 삶의 터전을 잃을 가능성이 있습니다. 현재의 난민들이 난민이 된 것 역시 그들이 선택했기 때문이 아닙니다. 위에서 묘사한 상황은 실제로 난민 수천만 명이 지금 이 순간에도 겪고 있는 현실입니다.

난민은 어떤 사람일까요? 국제법에 따르면 인종, 종교, 국적, 특정 사회집단의 구성원인데 신분, 정치적 견해 등을 이유로 박해를 받아 국적국의 보호를 받을 수 없는 사람을 가리킵니다.

난민 발생 원인은 다양합니다. 국가 간 전쟁이나 국내에서 발발한 내전, 기아와 빈곤 등을 꼽을 수 있습니다. 이밖에도 민족·종교·정

고무보트를 타고 바다를 건너온 난민들입니다. 수많은 난민이 지금 이 순간에도 겪고 있는 현실입니다.

치적 이유로 소수집단에게 가해지는 박해, 기후변화에 의한 환경적 요소 등 다양한 원인에 의해 난민이 발생합니다. 유엔난민기구가 보호하는 대상자는 공식적으로 난민 자격을 인정받은 사람뿐만 아니라 비호 신청자, 귀환민, 국내 실향민 등도 포함됩니다. 비호 신청자는 난민 자격을 아직 공식적으로 인정받지 못한 사람을 가리킵니다. 국내 실향민은 자국을 벗어나지 못한 채 무장 충돌과 폭력 등 심각한 인권 침해에 노출되어 있는 사람이며, 귀환민은 난민이 되었지만 본국으로 돌아가고 싶어 하는 사람을 뜻합니다. 이외에도 국적이 없는 무국적자, 환경오염으로 삶의 터전을 잃은 생태학적 난민도 보호 대상입니다.

난민이라는 개념은 공식적으로는 1967년 처음 생겨났습니다. 제2차 세계대전 이후 동유럽을 떠나온 대규모 피난민을 법적으로 정의하면서 사용하게 되었습니다. 그 전에도 난민은 존재했는데 1910년대 러시아혁명 기간에 난민 150만여 명이 러시아를 떠났고, 1930년대 독일 나치정권 수립 후 유대인을 포함한 나치정권의 피해

유엔난민기구 UNHCR, United Nations High Commissioner for Refugees

난민을 보호하고 지원하기 위해 만들어진 국제연합 산하의 기구입니다. 전 세계 난민이 안전한 피난처를 제공받을 수 있게 돕습니다. 난민이 본국으로 귀환하거나 다른 나라에 정착하는 것을 지원하기도 합니다. 1950년에 스위스 제네바에 최초로 설립되었으며 1954년과 1981년에 노벨평화상을 수상했습니다.

자 250만여 명이 독일을 떠나 각지로 흩어졌습니다. 제2차 세계대전 이후에는 1940년대 팔레스타인 전쟁으로 발생한 난민, '보트피플'로 불리는 1970년대 인도차이나 난민, 방글라데시 홍수난민, 아이티의 지진난민, 종교와 정치 문제가 얽혀 발생하는 시리아 난민 등 세계 각지에서 고통받는 난민들이 계속해서 존재했습니다.

2018년 유엔난민기구의 보고서에 따르면 전 세계 난민은 사상 최고치인 6,850만 명으로 집계되었습니다. 비호 신청자, 귀환민, 실향민, 무국적자 등을 모두 합치면 약 7,500만 명이라고 합니다. 10년 전과 비교해 150퍼센트나 증가했다고 합니다. 최근 난민을 가장 많이 배출하고 있는 국가는 시리아로 2011년 시리아 내전이 발생한 후 꾸준히 증가해 2017~2018년에 발생한 난민 수만 631만 명입니다. 그다음으로는 아프가니스탄과 남수단이 난민이 많이 발생하는 국가입니다.

· · · · · ·

제주 예멘
난민 사태

2018년 대한민국에도 상당한 수의 난민 신청자들이 찾아왔습니다. 2014년 발발한 내전이 치열하게 진행되고 있는 예멘의 난민들이 자국을 떠나 말레이시아를 거쳐 제주도로 몰려온 것입니다.

계속된 내전으로 목숨을 위협받게 된 예멘인들이 국토를 떠나 처음 문을 두드린 곳은 유럽이었습니다. 하지만 늘어나는 난민을 다 수용하지 못한 유럽이 문을 닫자 같은 이슬람 국가이며 90일간 무비자 체류가 가능한 말레이시아로 향했습니다. 여기에서 이들은 직항 노선이 있는 우리나라의 제주도에 무사증 제도^비 ^{자 없는 외국인도 입국할 수 있는 제도}가 있다는 걸 알고 제주도를 찾아왔습니다. 갑자기 500명이 넘는 예멘인이 제주도에 입국하자 이전까지 난민 문제를 피부로 느끼지 못했던 대한민국 사회에 큰 이슈가 되었습니다. 신청자가 급증하자 무사증 입국도 금지되었고 예멘인들 중 2명만 난민으로 인정받았습니다. 412명은 인도적 체류 허가를 받았고 56명은 그마저도 인정받지 못했습니다. 우리 사회에서 살아가는 이들의 삶은 쉽지 않습니다. 정기적인 일자리나 안정된 보금자리를 마련하기 어렵고, 낯선 문화와 난민을 불편하게 바라보는 한국인들의 시선도 이들을 힘들게 합니다.

처음 제주 난민 문제가 불거졌을 당시 국민들 사이에서는 난민들에게 일자리를 빼앗길지 모른다는 불안감이 높았습니다. 또한 그들의 종교인 이슬람이 배타적이어서 우리 사회에 분란을 일으킬지 모른다며 난민 허가를 반대하는 여론이 거셌습니다.

사실 대한민국에 난민이 예멘인만 있는 것은 아닙니다. 1994년부터 2018년까지 누적 난민 신청자 수는 4만 8,906명이고 이중 936명이 난민 인정을 받아 살고 있습니다. 인도적 체류 허가자는 1,988명에 이르러 이미 우리 사회의 일부분이라 할 수 있습니다. 난민이 아니라 해도 점점 다문화 사회로 나아가게 될 대한민국에 이들을 어떻게 수용하고 더불어 살아갈지에 대한 고민이 필요합니다.

우리나라 역시 과거에는 난민이 많이 발생하던 나라였습니다. 일제시대 조국을 떠나 망명할 수밖에 없던 독립투사들도 난민이었고, 이들이 세웠던 대한민국 임시정부가 대한민국을 독립된 나라로 이끌었습니다. 또한 북한을 탈출한 새터민도 우리의 국민이자 동시에 난민으로 보호해야 할 대상입니다. 1992년 대한민국은 '난민의 지위에 관한 협약'에 가입했고, 2012년에는 아시아에서 가장 먼저 난민법을 만들었습니다. 이는 북한에서 남한으로 온 새터민이 북한에 강제 소환되지 않도록 하기 위한 조치였습니다.

반 난민 정서,
난민 반대 운동

삶의 터전을 잃은 난민은 국가의 보호, 이웃과 공동체의 도움 없이는 스스로 살아남기가 어렵습니다. 그런데 최근 늘어난 난민이 만들어 내는 사회적 파장으로 난민 수용을 반대하거나 거부감을 가지는 움직임이 커지고 있습니다.

특히 난민이 가장 많이 몰리는 유럽은 난민을 수용해야 한다는 주장과 이에 반대하는 주장이 부딪히며 혼란을 겪고 있습니다. 유럽 언론은 난민 문제가 제2차 세계대전 이후 유럽이 맞닥뜨린 가장 큰 사회문제라고 평가합니다.

2015년 유럽연합 내로 망명하는 난민과 이민자가 급속도로 늘어났습니다. 그 가운데 지중해를 통해 오던 난민 2,000명을 태운 배 다섯 척이 난파하면서 1,200명이 넘는 난민이 사망하는 사건이 발생했습니다. 오스트리아에서는 냉동 짐칸에 숨어 밀입국하던 난민 71명이 시체로 발견되었습니다. 사태가 심각해지자 독일, 스웨덴, 프랑스, 이탈리아 등 유럽연합 국가는 난민이 죽음을 맞지 않도록 2015년에 망명자 39만 5,000명을 받아들였습니다. 이 숫자는 계속해서 늘고 있습니다. 문제는 이렇게 유입된 난민이 유럽에 적응해 가는 과정에서 많은 예산이 투입되고, 서로 다른 종교·문화적 차이로 생기는 갈등이 사회문제로 떠오르면서 난민에 대한 자국민의 거부감이 커지고 있다는 것입니다. 특히 경제적 여건이 서유럽보다 좋지 못한 동유럽 국가들은 불만을 계속해서 표출하고 있습니다.

경제적 부담으로 유럽 국가 국민들에게 난민을 반대하는 여론이 일어나면서 난민을 수용하는 정책을 펼쳤던 지도자들은 선거에서 패하거나 비난을 받기도 했습니다. '유럽의 책임'을 강조하며 서

난민 수용을 반대하는 오스트리아 시민들의 시위입니다. 현수막에 "유럽을 당신의 집으로 만들지 않겠다"라고 쓰여 있습니다. 유럽은 난민을 수용해야 한다는 주장과 이에 반발하는 주장이 부딪히며 혼란을 겪고 있습니다. © Johanna Poetsch

유럽 국가들 중 가장 많은 난민을 수용해 '난민의 어머니'로 불리는 독일의 앙겔라 메르켈 총리는 최근 낮아진 지지도와 반대 여론에 시달리고 있습니다. 경제적 부담을 이유로 영국은 유럽연합을 탈퇴하기에 이르렀습니다. 미국의 트럼프 행정부는 자국에서 수용하는 난민 수 자체를 줄이겠다고 선포했습니다.

······

미래 사회
새로운 난민의 발생

미래에는 새로운 종류의 난민이 생겨날지도 모릅니다. 그중에는 '생태학적 난민'이 있습니다. '기후 난민'이라고도 불리는 이들은 빠르게 진행되는 기후변화와 환경 파괴로 발생하는 난민들입니다. IPCC는 2020년 1월 20일 기후변화 때문에 거주지를 떠나야만 하는 이들을 난민으로 인정한다는 첫 판단을 내렸습니다.

IPCCIntergovernmental Panel on Climate Change

기후변화에 따른 위험을 예측하고 국제사회의 대책을 마련하기 위해 세계기상기구WMO와 유엔환경계획UNEP이 공동으로 설립한 국제연합 산하의 협의체입니다. 각국의 기상학자, 해양학자, 빙하 전문가, 경제학자 등 전문가 3,000여 명으로 구성되어 있습니다. 기후 위기를 해결하기 위한 노력을 인정받아 2007년 노벨평화상을 수상했습니다.

인구 11만 명인 키리바시는 남태평양의 섬나라입니다. 이곳 주민들은 해수면 상승 때문에 생존권이 위협받고 있다고 2016년 국제연합에 진정서를 냈고, 난민으로 인정받았습니다. IPCC 보고서에 따르면 키리바시는 해수면 상승과 해안 침식으로 2050년 즈음 완전히 물에 잠길 전망입니다.

IPCC는 방글라데시도 해수면 상승으로 2050년까지 국토의 17퍼센트가 침수되고 2,000만여 명에 이르는 생태학적 난민이 발생할 것이라고 경고했습니다. 또한 바닷물의 온도 상승으로 태풍과 허리케인이 증가해 농경지를 잃는 난민들이 생겨날 것입니다. 이뿐만 아니라 1,300여 개의 섬으로 이루어져 있는 몰디브 주민들과 섬 9개 중 2개가 이미 가라앉아 국토 포기 선언을 한 투발루 주민 등등 많은 기후 난민 발생이 예상됩니다.

또한 사회 안에서 가족이나 이웃과의 관계가 단절된 사람들을 일컫는 가족 난민, 도시 속에서 집이 없어 떠돌아다니는 사람을 가리키는 거주 난민 등 새로운 용어도 만들어지고 있습니다. 우주로 진출하는 먼 미래에는 지구 난민, 우주 난민 등의 개념이 생겨날지도 모릅니다.

키리바시는 해수면 상승과 해안 침식으로 2050년 즈음 완전히 물에 잠길 전망입니다.

난민 문제
해결을 위한 시도

난민 문제는 인간의 생명과 존엄성에 직결되는 문제여서 외면할 수 없는, 모든 국가가 협력해 해결해야 하는 중요 사안입니다. 지금 이 순간에도 난민 수만 명이 생명의 위협을 느끼거나 불안정한 삶을 이어가고 있습니다. 2018년 제주도에 들어온 예멘 난민을 생각해 보면 대한민국도 난민 문제에서 자유롭다고 할 수 없습니다. 하지만 국내 여론과 제도는 난민을 수용할 준비가 아직 되어 있지 않아 보입니다.

다행히 난민 문제 해결을 위한 국제사회의 노력은 계속되고 있습니다. 2019년 12월에는 스위스 제네바에서 제1회 글로벌난민포럼Global Refugee Forum이 열렸습니다. 이 포럼에서 국제연합은 '전 사회적 접근'이라는 방향을 제시했습니다. 이는 난민 보호가 특정 국가가 아닌 전 세계 공동의 책임 과제이며 정부뿐 아니라 기업, 비영리 단체, 지역사회 등 모두가 함께 노력해야 한다는 뜻입니다. 유엔난민기구로부터 초청받은 전 세계 3,000여 명이 참여한 이 포럼에서는 난민이 직접 발언을 하기도 했습니다. 우리나라에서도 다양한 난민 인권 단체와 사회복지 기업이 참여했습니다. 이 포럼에서 다양한 관계자가 교류한 결과 난민 보호에 관한 770개 이상의 공약이 만들어졌습니다. 아직 이러한 공약들이 법적으로 강제성을 띠고 있는 단계는 아니지만 난민과 각국 정부, 인권 보호 단체와 국제기구가 난민 문제 해결을 위해 함께 모였다는 것만으로도 의미가 있습니다. 난민 문제에 대한 해결책이 좀 더 나은 방향으로 나아가는 출발점이 될 것입니다.

난민 문제 해결을 위한 국제사회의 노력은 계속되고 있습니다. ⓒ Djohan Shahrin

누구나 건강하고 행복한 삶을 살 수 있을까?

2040년 03월 20일 　　　　　　　　　　다른일보 이미래 기자

대한민국, 이제는 복지 강국

3월 20일 세계 행복의 날을 맞아 국제연합에서 발표한 〈세계 행복 보고서 2040〉에 따르면 우리나라가 '행복지수가 높은 국가' 21위를 차지했다. 20년 전 61위에서 무려 40계단을 뛰어오른 결과다.

대한민국은 1인당 GDP가 꾸준히 늘어나 소득지표는 계속 높아졌지만 소득 격차, 자살률, 범죄율, 성별 격차, 세대 갈등 등 행복지수에 악영향을 주는 요소들은 모두 하위권에 머물러 왔다. 특히 2020년까지 15년간 자살률 1,2위를 다툴 만큼 빠른 경제성장의 부작용과 지나친 경쟁, 빈부 격차 등의 사회문제를 여실히 보여 주었다.

그러나 2024년부터 국민의 복지를 최우선으로 하는 '국민복지당'이 창당되어 총선에서 승리하고, 국민복지당 출신 대통령이 당선되는 등 높은 수준의 복지를 요구하는 국민이 늘어났다. 많은 국민이 균형 잡힌 복지와 분배, 지속

가능한 발전을 목표로 등장한 국민복지당을 지지했고 이는 국가 정책에 큰 변화를 주었다.

2030년 당선한 국민복지당 출신 서나눔 대통령은 국가 재정에서 복지 분야 지출을 크게 늘렸고 노인, 장애인, 소외된 계층을 위한 산업과 기술 발전에 지속적이고 과감한 투자로 대한민국 복지 정책에 큰 변화를 가져왔다. 처음에는 일부 대기업과 단체, 시민들의 반발이 거셌지만 과감한 복지 정책이 사회 안정과 행복지수 상승 등의 효과를 나타내며 국민 대다수가 지속적인 복지 강화 정책에 찬성하게 되었다.

CNN, BBC, 〈르 몽드〉, 〈뉴욕 타임스〉 등 해외 유명 언론은 "대한민국이 다시 한 번 기적을 보여 주었다"며 "작지만 강한 나라 한국이 한강의 기적, 문화의 기적에 이어 복지의 기적을 이뤄 냈다"라고 보도했다. 이 같은 소식이 전해지자 대통령은 보건복지부에 "대한민국의 복지가 많이 발전했지만 아직도 사각지대에 놓여 있는 소외된 국민들이 존재한다. 전 국민의 행복지수가 고르게 높아질 수 있도록 힘써 달라"라고 요청했다.

요람에서
무덤까지

사람들은 누구나 건강하고 행복한 삶을 살기 원합니다. 먹는 것, 입는 것, 자는 것, 교육을 받는 것, 문화를 누리는 것 등등 사람에게는 기본적으로 충족되어야 하는 조건이 있습니다. 그런데 질병, 가난, 자연재해, 전쟁 등 다양한 이유로 이러한 기본 욕구를 충족하지 못하는 경우에는 어떻게 해야 할까요? 이런 사람들을 사회적으로 보호하고 기본적인 필요를 채워주기 위해 만들어진 개념이 '복지'입니다.

'복지'는 사전적인 의미로는 '행복한 삶'을 뜻합니다. 현대 사회에서는 더 나아가 국가가 국민의 행복 증진을 위해 정책을 실시해 국민의 삶의 질을 높이는 것을 뜻합니다. 이 같은 복지에 관한 정책이 잘 실행되는 나라를 복지국가라고 합니다. '요람에서 무덤까지'라는 말을 들어보았나요? 제2차 세계대전 이후 영국의 경제학자인 윌리엄 베버리지William Beveridge가 주장한 내용으로 국민이 태어나면서부터 죽을 때까지 최소한의 생활을 국가가 보장해야 한다는 뜻입니다. 육아, 실업, 질병, 은퇴 등으로 소득이 부족해져 빈곤해지는 경우를 막기 위해 국민이 기본적인 생활수준을 유지하도록 하는 포괄적 사회보장제도를 의미합니다.

베버리지의 주장은 영국의 복지국가 정책과 제도 형성에 크게 기

영국의 경제학자 윌리엄 베버리지는 국민이 태어나면서부터 죽을 때까지 최소한의 생활을 국가가 보장해야 한다고 주장했습니다.

여했으며 '요람에서 무덤까지'는 복지를 상징적으로 나타내는 표현으로 전 세계에서 사용되고 있습니다.

복지 제도는
언제부터 있었을까?

인류 역사에서 최초의 복지는 무엇이었을까요? 14세기 영국에서는 교회를 중심으로 한 빈민 구제 활동이 많았습니다. 그러다가 15세기 인클로저enclosure, 지주계급이 토지에 울타리를 쳐 땅을 사유화한 움직임 가 시작되면서 농민 대부분이 부랑자로 전락했습니다. 이에 1600년대에 들어서 엘리자베스 여왕이 '엘리자베스 구빈법'을 만듭니다. 빈민을 구제하기 위해 세금을 책정하고 이를 위한 행정 체계를 확립해 빈민 구호를 종교적, 인도적 자선행위가 아닌 국가적인 책임으로 전환했습니다.

미국에서도 1800년대 초반 구빈법을 제정했고, 남북전쟁이 끝난 직후에는 미국 최초의 자선조직협회가 만들어집니다. 이후에도 공공기관과 민간기관의 복지시설이 더 늘어납니다. 1929년 대공황이 일어나자 루즈벨트 정부 주도 하에 뉴딜 정책을 비롯한 사회보장 정책이 더 많이 실행됩니다. 1965년부터는 사회보장법이 개정되며 복지 정책이 더욱 구체적으로 만들어지기 시작했습니다.

우리나라는 어떨까요? 삼국시대로 거슬러 올라가 봅시다. 고구

려의 빈민 구제 제도인 진대법은 194년 고국천왕 때 왕권 강화를 위해 실시됩니다. 농민이 비싼 이자를 주고 곡식을 빌려서 갚지 못하고 노비가 되는 사례가 늘어나자 국가에서 쌀을 빌려주었다가 갚게 했습니다. 〈삼국사기〉에는 신라의 3대왕인 유리왕이 홀아비, 홀어미, 고아, 노인 등 생계가 어려운 백성을 관리들이 위문하고 양식을 나누게 한 내용이 적혀 있습니다. 고려시대에는 불교의 자비 정신을 바탕으로 진휼 사업을 벌였습니다. 난치병 환자와 장애인 등 스스로 생계를 이어갈 능력이 없는 가족이 있는 경우 가족 중 한 사람의 부역을 면해 주었습니다.

유교 국가인 조선시대에 들어서는 조정에서 빈민 구제를 감독했으며 신속하게 구제가 이루어질 수 있도록 지방관에게 책임을 물었습니다. 흉년에 대비하고 흉년이 닥쳤을 때 백성들을 보호하는 비황, 구황 제도가 있었으며 혜민서, 제생원, 광제원 등 구호 시설도 만들어졌습니다. 일제시대에 접어든 1944년에는 조선구호령이 실시되었는데 사회문제를 해결하기보다는 식민지의 질서유지를 위한 정치적 성향이 강했습니다.

이후 대한민국 정부 수립과 한국전쟁을 거치면서 우리나라의 복지는 자선과 구호 사업 위주로 진행되었습니다. 산업화와 경제발전을 지향하는 분위기가 강했던 3~5공화국 시기에는 복지 제도가 있기는 했으나 실효성이 없는 경우가 많았습니다. 아동복지법, 노인복지법, 장애인복지법 등 법령이 갖추어졌지만 형식적인 수준에 가까였습니다.

1987년 이후 새로운 사회복지 관련 법이 만들어지고 기존 제도
가 정비되었습니다. 노인복지법, 장애인복지법, 국민연금, 최저임금
제, 의료보험 등이 실시되었으며 문민정부에 들어서서는 고용보험
법, 국민건강증진법, 사회보장기본법, 여성발전기본법 등이 제정되
었습니다. 이후 참여정부를 거쳐 사회복지의 적용 범위가 더 확대되
고 생산적 복지, 사회 통합을 위한 적극적 복지 등이 구체적으로 논
의되기 시작했습니다.

······

4대 보험은
왜 생겼을까?

'4대 보험'이라는 말을 들어 보았나요? 성인이 되어 직장을 다니게
되면 반드시 가입하는 보험입니다. 국민연금, 건강보험, 고용보험,
산재보험으로 이루어져 있으며 근로자와 그 가족을 상해, 질병, 실
업 등의 위협으로부터 보호하고 나이가 들어 노동능력을 상실했을
때를 대비해 마련한 제도입니다. 보험료를 개인, 기업, 국가가 함께
부담하고 개인 보험료는 소득에 비례해 분담하게 되면서 사회적으
로 소득을 재분배하는 기능도 가지고 있습니다.

우리나라 국민연금제도는 1988년부터, 실업보험은 1995년부터

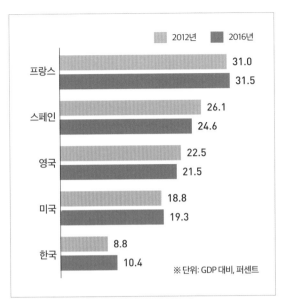

국가별 공공 사회복지 지출 비중
출처: OECD, 기획재정부

실행되었습니다. 4대 보험 외에도 공공부조와 사회서비스도 복지의 하나입니다. 공공부조는 사회보장기본법 제3조에 따라 국가와 지방자치단체가 생활 유지 능력이 없거나 생활이 어려운 국민의 최저 생활을 보장하고 자립을 지원하는 제도입니다. 여기에는 의료급여 제도, 국민기초생활보장제도, 장애인연금제도 등이 있습니다. 사회서비스는 국민들에게 직업 소개, 상담, 사회복지시설 이용 등을 제공해 '인간적인 생활'을 보장하고 '삶의 질'이 향상되도록 지원하는 것을 말합니다.

　우리나라는 한국전쟁 당시 다른 나라들의 지원을 받던 가난한 국가였지만 1970~1980년대 경제개발계획을 통해 단기간에 빠른 경제 성장을 이루었습니다. 2019년 국제통화기금에서 발표한 자료에 따르면 대한민국의 GDP는 2020년 기준 세계 12위입니다. 1인당 GDP는 세계 27위입니다. 대한민국의 경제적 위상이 높다는 사실을 입증하는 수치입니다. 그런데 GDP 순위가 높다고 해서 그 나라의 복지 수준이 높은 것은 아닙니다. 보통 GDP 대비 공공 사회복지 지출의 비율로 복지국가를 구별하는데 이 비율이 10퍼센트 미만일 경우 복지후진국, 10~15퍼센트 사이일 경우 복지중진국, 15퍼센트 이상일 경우 복지선진국으로 분류합니다. 대한민국은 2016년 10퍼센트를 넘어서면서 복지중진국에 진입했지만 국민이 체감하는 실질적인 복지 수준에 대해서는 논란이 많습니다.

· · · · · ·

대한민국
복지의 현재

국제연합 산하의 지속가능발전 해법 네트워크SDSN, Sustainable

GDP Gross Domestic Product

일정 기간 동안 한 국가에서 생산된 재화와 용역의 시장 가치를 모두 합친 것으로, 한 나라의 경제 규모를 나타내는 대표적인 지표입니다. 국내총생산이라고도 부릅니다.

Development Solutions Network에서 세계 행복의 날을 맞아 공개한 〈2020 세계행복보고서〉에 따르면 GDP, 사회적 지원, 기대 수명, 사회적 자유, 관용, 부정부패 항목으로 산출한 국가별 행복지수에서 대한민국은 전체 153개국 중 61위를 기록했습니다. 2016년도부터 조금씩 하락세를 보이다 60위권으로 내려온 것입니다. 상위권은 대부분 북유럽 국가로 3년 연속 1위를 한 핀란드를 비롯해 덴마크, 스위스, 아이슬란드, 노르웨이 등이 꼽혔습니다. 이 보고서를 통해 알 수 있듯이 경제력 순위가 행복 순위와 비례하는 것은 아닙니다.

국민이 행복할 수 있는 진정한 복지국가는 어떻게 만들어 가야 할까요? 복지에 대한 국민의 요구와 사회적 인식이 높아지면서 우리나라의 복지 지출 비율은 점차 높아지고 있습니다. 물론 OECD 평균보다는 아직 한참 낮습니다.

그런데 복지 지출 비율이 단기간에 큰 폭으로 높아지면 세금 부담에 대한 일부 기업과 국민의 반발이 있을 수 있습니다. 복지에 대한 입장은 정치적인 입장, 소득 수준, 개개인의 생각에 따라 다양합니다. 복지를 늘리기 전에 현재 복지국가라 불리는 선진국들만큼 경제발전이 더 이루어져야 한다는 의견도 있고, 빈부 격차와 노인 빈곤 문제 등 사회적 문제 해결을 위해 복지 비율을 크게 늘려야 한다는 의견도 있습니다.

여러분은 복지에 대해 어떤 생각을 가지고 있나요? 국가의 복지는 세금과 밀접한 관련이 있습니다. 복지 제도를 시행하기 위해서는 그만큼 많은 돈이 필요하기 때문입니다. 그래서 복지 제도는 여러분의 경제활동과 사회생활에도 큰 영향을 줍니다. 경제활동 인구는 복지 제도에 필요한 재원을 제공하는 세금 납부자이면서 복지의 혜택을 누리는 구성원입니다. 그렇기에 복지 정책에 꾸준히 관심을 기울이고, 필요한 복지를 주장하거나 선택할 수 있어야 합니다.

······

4차 산업혁명이
복지에 미치는 영향

4차 산업혁명 시대를 맞이해 다양한 기술을 활용한 복지가 시도되고 있습니다.

전라남도 광양시에서는 핵심 정책으로 4차 복지혁명을 내세우며 국내 최초로 스마트 로봇을 독거노인에게 보급하는 사업을 벌이고 있습니다. '부모사랑 효돌'이라 이름 붙여진 이 로봇은 어린이 목소리로 "할머니, 약 드실 시간이에요."라고 말하고 10분 뒤 "약을 다 드셨으면 제 손을 잡아주세요."라고 말하며 사용자가 약을 먹었는지 확인합니다. 피부 터치와 감사 인사 등을 통해 노인들과 정서적인 교감도 나누도록 프로그래밍되어 있습니다. 일본의 치료로봇 팔로Parlo도 비슷한 사례입니다. 노인을 대상으로 물리치료와 일상 대화, 레크레이션 등 정서적인 교감을 제공합니다.

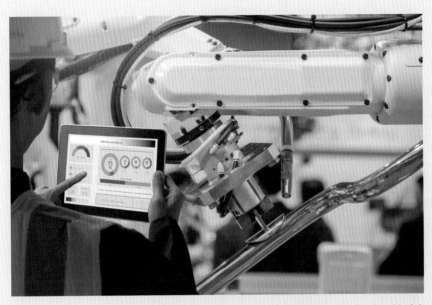

4차 산업혁명 시대를 맞이해 다양한 기술을 활용한 복지가 시도되고 있습니다.

디지털에이징digital ageing도 노인 복지 분야에서 중요한 이슈입니다. 정보통신 기술을 잘 활용해 노인들이 건강하고 활동적으로 살아갈 수 있도록 하자는 의미입니다. 또한 에이징테크Aging tech는 고령층을 대상으로 하는 기술로서 스마트 헬스케어, 인공지능 가전제품, 생활 돌봄 서비스를 뜻합니다.

에이블테크Able tech는 의료용품과 보조기기에 IT 기술을 결합해 장애인과 비장애인이 함께 불편함 없이 살아가도록 하는 기술입니다. 서울과 경기도 일부에서 운행 중인 '고요한 택시'는 청각장애인 운전사도 편리하게 운행할 수 있습니다. 이 택시는 청각 정보를 시각 정보와 진동으로 바꾸어 운전자에게 안전한 정보를 전달하도록 설계되었습니다. 또한 운전석과 뒷자리에 설치된 태블릿으로 요청 사항을 주고받을 수 있습니다. 미국의 뉴욕, 펜실베니아 등에 97개 매장을 가진 슈퍼마켓인 웨그먼스 푸드마켓Wegmans Food Market은 소셜 벤처기업과 협업해 시각장애인을 위한 서비스를 시행하고 있습니다. 스마트 글래스를 착용하면 영상과 음성으로 쇼핑에 필요한 정보를 제공받을 수 있어 시각장애인도 편리하게 쇼핑을 할 수 있습니다.

또한 본격적으로 개발되고 있는 인공지능 의료 서비스는 정보 습득 능력을 활용해 진료의 정확도를 높이며 소외 지역에 살거나 이동이 어려운 노약자들이 집에서 쉽게 원격 의료를 받을 수 있게 합니다. 자율주행 기술은 운전이 어려운 고령자, 장애인 등 사회적 약자가 편리하게 이동할 수 있게 해주고, 행정 분야에서도 빅데이터 기술을 활용해 복지의 사각지대에 있는 사람들을 찾아낼 수 있습니다.

복지는 기본적으로 분배의 원칙을 바탕으로 합니다. 지금까지는 인류 역사에서 과학기술의 발전이 경제성장률과 효율성을 높이는 것에 집중되어 있었다면 4차 산업혁명 시대에는 균형 잡힌 발전과 분배를 이루고 복지의 영역을 넓히는 데 큰 역할을 할 것으로 기대되고 있습니다. 다가오는 미래에 여러분이 누리게 될 복지는 어떻게 달라질까요?

일하지 않고도 평생 먹고살 수 있을까?

2034년 9월 16일   다른일보 이미래 기자

국가가 국민을 평생 먹여 살리는 기본소득제

정부가 내년부터 전 국민에게 기본소득제를 시행하기로 발표했다. 지난 2032년부터 2033년까지 일부 지역에서 기본소득제를 시범 시행한 뒤 좋은 성과를 얻어 내린 결정이다. 서울과 강원도 일부 지역을 대상으로 기본소득제를 시행한 결과 기초생활수급자와 빈곤층의 삶의 질이 크게 개선되었다. 주민들의 소비가 늘어나 지역 경제가 활성화되었고, 스타트업 창업자과 자영업자도 늘어났다. 이뿐만 아니라 시민 단체나 정당 활동, 문화 모임 등도 늘어난 것으로 보고되었다.

보건복지부의 기본소득제 TF팀이 주민들을 대상으로 설문 조사를 벌인 결과에 따르면 새로운 제도에 만족한다는 사람은 78퍼센트, 불만족한다고 답한 사람은 22퍼센트로 나타났다. 강복지 대통령은 9월 17일 대국민담화를 통해 기본소득제 적용의 필요성과 효능을 설명하고, 질의응답을

받을 예정이다.

　국민 대다수는 이 같은 시도를 환영하는 분위기다. 올해 27세인 취업준비생 박진화 씨는 "일자리가 있든 없든 최소한의 생활이 가능하도록 기본소득을 받게 된다면 마음의 짐을 내려 놓고 훨씬 안정적으로 살아갈 수 있을 것 같다. 전공을 살려 스타트업을 하고 싶었지만 생활비 문제로 계속 망설였는데 기본소득제가 시행되면 용기를 내어 도전해 보려고 한다"라고 밝혔다. 79세인 이병호 씨는 "기본소득제가 시행되면 지금까지 받던 기초연금보다 한 달에 지원받는 금액이 더 높아진다고 한다. 최대한 아껴 써도 생활이 어려웠는데 반가운 소식이다"라며 기본소득제 도입을 환영했다.

　그러나 아직은 기본소득제의 재원 마련과 제도를 도입한 뒤에 생길 수 있는 여러 가지 부작용을 견제하는 목소리도 많다. 2년간의 시범 시행이 성공적인 결과를 낳아 국가가 국민을 평생 먹여 살리는 것이 가능해질지가 초미의 관심사다.

정부가 국민에게
매달 공짜로 돈을 준다고?

자본주의 시대를 살아가고 있는 우리는 소득이 없으면 기본적인 생활을 영위할 수 없습니다. 만약 한 가정의 소득을 책임지는 가장이 직업을 잃는다면 어떻게 될까요? 우선 벌이가 없으므로 자유롭게 소비활동을 할 수 없을 것입니다. 소득이 없는 시간이 길어질수록 가족의 생존권이 위협받는 어려움과 고통이 발생할 것입니다. 이렇게 생활고에 시달리는 사람이 많아지면 사회적으로도 큰 혼란이 일어날 것입니다. 각 가정의 소비가 원활하게 이루어지지 않게 되면 지역사회와 국가의 경제도 큰 타격을 입게 됩니다.

그런데 만약 소득생활을 하지 않아도 매달 국가에서 일정 금액의 생활비를 제공해 준다면 어떨까요? 죽을 때까지 평생 기본적인 소비생활이 가능한 정도의 돈을 정부에게서 계속 지원받을 수 있다면 어떨까요? 적어도 생활고로 인한 우울증, 자살 등의 이야기는 들리지 않게 될 것 같습니다. 하지만 어떻게 수천만 명에게 매달 공짜로 돈을 줄 수 있을까요?

······

기본소득제가 대체
뭐길래

중앙정부나 지자체가 모든 시민에게 아무런 조건 없이 지급하는 소득을 '기본소득'이라고 합니다.

모든 시민에게 조건 없는 소득을 제공한다는 개념은 생각보다 그 역사가 깊습니다. 18세기 진보적 철학자이자 이론가였던 토마스 페인Thomas Paine은 1797년에 이미 모든 성인 남녀에게 보조금을 주자고 제안했습니다. 토지를 소유한 사람들에게 세금을 걷는다면 충분히 재원을 마련할 수 있는 주장이었습니다. 비슷한 시기에 프랑스의 유토피아적 사회주의자 샤를 푸리에Charles Fourier, 자유주의자 존 스튜어트 밀도 기본소득 지급을 제안했습니다.

20세기에 들어와서는 진보적 정치사상가들의 구체적인 토론이 이루어지기 시작했습니다. 미국의 제임스 토빈James Tobin, 밀턴 프리드먼Milton Friedman을 비롯한 노벨경제학상 수상자들이 시민보조금demogrant이라는 이름으로 기본소득제도를 제안했습니다. 기본소득제 도입을 주장하는 정치가도 나타났습니다. 1950년대 미국 흑인 인권운동의 상징인 마틴 루서 킹 목사도 기본소득 보장을 주장했으며 리처드 닉슨 대통령도 비슷한 제도를 추진했습니다. 그러나 이러한 시도는 모두 현실 정치에서 실현되지는 못했습니다. 1980년대 초반에는 네덜란드, 덴마크, 독일 등 유럽 국가들의 진보적 정치

18세기 진보적 철학자이자 이론가인 토마스 페인은 모든 성
인 남녀에게 보조금을 주자고 제안했습니다.

인 사이에서 기본소득제가 적극적으로 논의되기 시작했습니다. 벨기에의 정치철학자 필리프 판 파레이스Phillippe Van Parijs를 비롯한 유럽의 기본소득 연구자들은 1986년 기본소득 유럽 네트워크BIEN, Basic Income Europe Network를 결성했습니다. 이는 2004년 기본소득 지구 네트워크BIEN, Basic Income Earth Network로 확대되었습니다.

기업가들도 기본소득제가 꼭 필요하다며 목소리를 높이고 있습니다. 마이크로소프트의 창업자인 빌 게이츠, 테슬라의 CEO 일론 머스크, 페이스북의 공동 창업자 마크 저커버그Mark Zuckerburg와 크리스 휴즈Chris Hughes 등이 기본소득제 시행을 적극적으로 주장하고 있습니다. 마크 저커버그는 평등을 더욱 널리 실현하기 위해서 기본소득이라는 새로운 개념을 시도할 필요가 있다고 말합니다. 빌 게이츠는 인공지능의 도입으로 일자리를 잃는 사람과 노인, 어린이를 보호하는 일에 기본소득이 기여할 수 있다고 주장합니다. 일론 머스크는 인공지능 로봇 때문에 앞으로 엄청난 실업 사태가 닥칠 수밖에 없으며 이러한 미래에는 기본소득이 사람들에게 꼭 필요한 제도가 될 것이라 말합니다.

기본소득제의 목적은 크게 세 가지로 나눌 수 있습니다. 첫째, 인공지능과 자동화로 일자리가 점점 줄어드는 미래에 인간이 일을 하지 않더라도 기본적인 삶을 유지할 수 있게 하는 것입니다. 둘째, 국민에게 일정한 기본소득이 주어지면 자연스럽게 소비활동을 촉진하고 이는 국가 경제의 활성화에 큰 역할을 할 것입니다. 셋째, 소득

불평등을 해소해 갈수록 심해지는 빈부 격차와 사회적 양극화를 완화하고 빈곤 문제를 해결합니다. 기본소득의 재원은 천연자원과 빅데이터와 같은 공유재산에 세금을 부과하거나, 재산 또는 소득 정도에 따라 국민 개개인에게서 걷어 마련합니다.

그러나 기본소득제를 실행하기 어려운 이유는 막대한 재원 확보를 위한 방안을 마련하는 것이 쉽지 않아서입니다. 국민연금과 고용보험, 건강보험 등 지금까지 우리 사회에서 시행되어 온 사회복지제도는 기본소득제가 전면 도입되어도 유지될 수 있을까요? 또한 노동하지 않는 사람에게 소득을 지급하는 것이 과연 옳은 것인지에 대한 찬반 논쟁도 있습니다. 기본소득제가 일을 하고자 하는 개인의 의욕을 떨어뜨려 사회 전체의 생산력을 떨어뜨리지는 않을까요? 과연 기본소득제는 안정적으로 실행될 수 있을까요? 기본소득제가 실행되면 우리의 삶은 어떻게 달라질까요?

· · · · · ·

전 세계의
기본소득제

현재 전 세계 곳곳에서 기본소득제를 실험하고 있습니다. 인도의 마디야프라데시주에서는 국제연합 아동기금UNICEF, United Nations Children's Fund의 지원을 받아 2011년부터 2012년까지 성인 1명에게 300루피약

5,000원, 어린이 1명에게 150루피약 2,500원를 현금으로 매달 지급했습니다. 그 결과 어린이 영양실조가 크게 개선되고, 학교에 출석하는 비율도 늘어났으며, 전체적인 소득 수준이 향상되었습니다. 아프리카 나미비아에서는 2008년부터 2009년까지 민간 단체들이 지역주민 930명에게 매달 100나미비아달러약 1만 5,000원를 지급하는 실험을 한 결과 빈곤율과 실업률이 크게 줄어들고 농업 생산량과 자영업 소득이 늘어났습니다.

2016년 스위스에서는 전 국민을 대상으로 기본소득제에 대한 찬반 투표가 시행되었습니다. 시민 개인의 발의로 헌법 개정도 가능한 스위스에서는 시민 단체의 청원으로 기본소득에 대한 논의가 처음 시작되었습니다. 모든 성인에게 2,500스위스프랑289만 원, 미성년자에게 625스위스프랑약 70만 원을 지급하는 방안이 제시되었습니다. 투표 내용은 정부가 기본소득을 제공하고 액수와 전달 방안을 법률로 정한다는 조항을 헌법에 넣을지 여부를 결정하는 것이었습니다. 투표는 찬성 23퍼센트, 반대 76.3퍼센트로 부결됐지만 기본소득제가 공론화되고 투표까지 진행되었다는 것만으로도 전 세계의 관심을 끌었습니다. 부결의 이유는 기본소득제를 시행할 막대한 비용을 어떻게 조달할지에 대한 방안 부족이 가장 컸습니다.

미국의 알래스카주는 1982년부터 기본소득제도와 비슷한 알래스카 영구기금Alaska Permanent Fund을 운영하고 있습니다. 알래스카 땅에 있는 풍성한 석유 자원으로 벌어들이는 수익을 시민들에게 나눠 주기 위해 만든 기금입니다. 석유 수입에 기반한 배당금 형태로 6개월 이상 알래스카주에 거주한 주민에게 지급하고 있습니다. 이 기금은 주민의 삶의 질을 보장하는 데 큰 역할을 하고 있습니다.

핀란드는 2017~2018년에 실업급여를 받은 이들 중 2,000명을 무작위 선발해 매월 560유로약73만 원의 기본소득을 지급하는 실험을 시도했습니다. 일을 하고자 하는 개인의 의욕을 기본소득으로 높일 수 있는지 실험하고자 했습니다. 결과적으로 개인의 노동 욕구를 크게 올리지는 못했습니다. 핀란드 중앙정부가 사회보장국의 예산 증액 요구를 받아들이지 않으면서 2019년부터는 중단된 상태입니다.

캐나다 온타리오주에서도 2017년 빈곤층 4,000명에게 3년간 기본소득을 1인당 연간 1만 7,000캐나다달러약 1,500만 원, 2인 가구 2만 4,000캐나다달러약 2,100만 원를 지급하는 프로그램을 시행했지만 비용 대비 효과가 적다는 결론을 내려 시행 1년 뒤 중단했습니다. 네덜란드는 유트레흐트시를 비롯한 19개 지자체에서 기본소득 실험을 준비 중입니다.

이와 같이 기본소득제에 대한 다양한 실험이 전 세계 곳곳에서 시행되고 있으며 이런 흐름은 앞으로도 이어질 것으로 보입니다. 일자리가 점점 더 줄어들 것이라는 우려와 복지에 대한 시민의 요구가 계속 커질 것이기 때문입니다. 특히 2020년 코로나바이러스감염증-19 때문에 전 세계 경제가 심각하게 침체되면서 여러 나라에서 '긴급보호기금', '재난지원금' 등의 이름으로 일정한 돈을 국민에게

미국 알래스카주에서는 풍부한 석유 자원으로 창출하는 수익을 시민에게 골고루 나누어 주는 기금을 운영하고 있습니다.

지급하기 시작했습니다. 이처럼 기본소득제의 성격을 띤 정책들이 현실화되고 있습니다.

국가적 위기가 앞당긴
기본소득제

전 세계 곳곳에서 기본소득제에 대한 실험이 활발해지면서 우리나라에서도 2000년대에 들어 논의가 시작되었습니다. 2009년에는 기본소득한국네트워크라는 시민 단체가 창립되었습니다. 2016년에는 노동당과 녹색당이 기본소득을 공약으로 내걸며 제도적 활동을 시작했습니다.

우리나라에서 기본소득제를 가장 처음 시도한 사례는 경기도 성남시에서 나왔습니다. 2016년 성남시에서는 부분적 기본소득 제도로 평가되는 청년배당을 시행했습니다. 더욱 발전한 형태의 기본소득 지급안도 논의되었는데 노인, 장애인, 농어민에게 매년 100만 원을 지역화폐 형태로 지급한다는 내용이었습니다. 박원순 서울시장도 '한국형 기본소득제'를 제안하며 현재의 복잡한 복지정책 대신 생애주기별로 기초소득을 제공하고, '아동수당-청년수당-실업부조제-상병수당제-장애수당-기초연금'으로 이어지는 방안을 내놓았습니다. 2016년 입법조사처는 "우리나라는 제조업 비중이 높아

자동화 영향을 크게 받아 일자리가 많이 감소할 수 있으나 사회보장제도는 취약하다"라며 우리나라에서도 기본소득제 논의를 시작해야 한다고 지적했습니다.

2020년에는 코로나바이러스감염증-19로 경제적 타격이 커지며 기본소득제의 하나라고 할 수 있는 제도들이 시행되었습니다. 경기도 긴급재난지원금을 시작으로 서울시 재난긴급생활비, 광역자치단체 긴급생계지원자금, 정부 긴급재난지원금까지 차례로 국민에게 지급되었습니다. 긴급재난지원금은 코로나 사태로 직장을 잃거나 경제적 타격을 받은 전 국민에게 큰 환영을 받았습니다. 지역 경제를 살리는 데도 보탬이 되었습니다. 전문가들은 코로나바이러스감염증-19를 계기로 부분적인 기본소득제가 실행되면서 향후 기본소득제의 도입 시기가 빠르게 앞당겨질 수 있다고 예측했습니다.

· · · · · ·

기본소득제는
어떻게 발전해 나갈까?

모든 사람이 기본소득제를 찬성하는 것은 아닙니다. 현대 사회에서 기본소득제를 공식적인 제도로 채택한 국가는 아직 없습니다. 과거 로마제국에서 시민권자들에게 비슷한 복지를 제공했으나 시민들이 발전적인 자아실현보다 오락과 쾌락에만 몰두하는 폐해가 있었습니다.

　그러나 인공지능의 발전이라는 시대적 변화를 고려할 때 기본소득제는 미래에 좋은 대안이 될지도 모릅니다. 전 세계에 만연한 빈부 격차의 문제를 해소할 수 있는 유일한 복지 정책이라고 말하는 의견도 존재합니다. 지금까지 빈곤층을 대상으로 실험한 기본소득제는 대부분 긍정적인 효과를 보였으므로 빈곤 개선을 위해서는 선별적인 지급이 필요하다는 의견도 있습니다. 앞으로 세계는 다양한 방법으로 기본소득제를 연구하고 시도해 나갈 것으로 예상됩니다. 각 나라와 지자체의 상황에 맞추어 더 세분화되고 구체적인 기본소득제의 시범 시행이 이루어질 것입니다. 이에 따라 발생하는 기존 복지 제도와의 충돌, 사회 갈등, 경제·정치·문화적인 변화에 잘 대처해 나가는 것이 행복한 사회를 희망하는 공동체의 중요 과제일 것입니다.

기본소득제를 전 세계의 빈부 격차 문제를 해소할 수 있는 효과적인 복지 정책으로 평가하는 의견도 있습니다.

3부

법과 정치

민주주의는 계속 살아남을까?

2042년 6월 17일   다른일보 이미래 기자

우리는 인공지능의 지배를 거부한다!

광화문에서 '인간성 되찾기 시민연대'의 시위가 한창이다. 이들은 "2042년 대한민국은 새로운 계급사회이며 민주주의는 없다"라고 외치고 있다. 얼마 전 인공지능의 의견을 정책 결정에 반영하는 법안이 통과되었기 때문이다. 시위에 참가한 이들은 미래 사회의 최상위 계급이 인공지능을 운용하는 정부 관료들과 대기업 경영자들이며, 그다음 계급은 국민을 판단하는 인공지능 시스템이 될 것이라 우려하고 있다. 일반 시민은 인공지능의 판단에 좌지우지되는 최하위 계급으로 전락하고 인권이 사라질 것이라며 법안 폐기를 촉구하고 있다.

정이한 시민연대 대표는 "우리는 인공지능의 판단에 따르는 정책을 거부한다. 인공지능이야말로 인간을 편견의 테두리에 가두고 인간의 가치를 말살하는 사악한 존재다"라고 말했다. 이들은 인공지능에 의지하는 국가 경영 시스

템을 전면 거부하고 있다.

이에 정부는 아직 인공지능을 정책 결정에 적극적으로 활용하는 단계는 아니며, 앞으로 어떻게 효율적으로 사용할지 그 범위와 분량을 고민 중이라고 밝혔다. 정책 조언 인공지능인 '브레인세종19'는 "우리는 인간의 편견이나 선입견에 영향을 받지 않는 데이터로만 판단한다. 현실적으로 인간이 소화할 수 있는 정보량은 인공지능과 비교할 수 없다. 우리 인공지능은 최대한 도덕적이고 객관적인 정보를 바탕으로 정책을 구상할 수 있도록 정보 수집 과정을 점검하고 객관성을 확보하겠다"라고 의견을 밝혔다.

현재 정부는 인공지능 설계 전문가들과 각 분야의 지식인들이 모여 회의하는 과정을 필수화하는 방안을 강구하고 있다. 국회에서는 인공지능의 정보 수집 과정을 투명하게 공개하도록 법적으로 강제하는 법안을 추진 중이다.

직접민주주의와 간접민주주의

대한민국은 민주주의 국가입니다. 우리나라 헌법 제1조에서 "대한민국의 주권은 국민에게 있고, 모든 권력은 국민으로부터 나온다"라고 국민주권의 원리를 밝히고 있죠. 우리나라는 국민주권의 원리를 비롯한 **민주정치의 네 가지 기본 원리**에 따라 민주주의 국가임을 공표하고 있습니다.

민주주의 국가란 '주권이 국민에게 있어서 국민을 위해 정치가 이루어지는 국가'를 뜻합니다. 민주주의의 어원은 그리스어인 'decokratia'에서 유래됐는데 국민을 뜻하는 'demo'와 지배를 뜻하는 'kratos'가 합쳐진 말로 '국민의 지배'를 뜻합니다. 민주주의의 시작은 고대 그리스로 올라가는데 시민권을 가진 남자들이 다수결의 원칙 아래 직접 정치에 참여하는 정부 형태로 나타났습니다. 이를 '직접민주주의'라고 부릅니다. 이후 국가의 규모가 커지고 정치적

민주정치의 네 가지 기본 원리

민주정치의 네 가지 기본 원리에는 국민주권의 원리 외에도 입헌주의의 원리, 국민자치의 원리, 권력분립의 원리가 있습니다. 입헌주의의 원리란 국민의 기본권을 보장하기 위해 국가가 반드시 헌법에 따라야 한다는 것을 뜻합니다. 국민자치란 주권이 있는 국민이 스스로 나라를 다스려야 한다는 것을 뜻해요. 마지막으로 권력분립이란 국가 권력을 정부, 국회, 법원이 나누어 맡아 서로 견제하고 권력의 남용을 방지해야 하는 것을 뜻합니다.

고대 그리스의 민주주의는 시민권을 가진 남자라면 정책을 결정하는 데 모두 참여하는 직접 민주주의였습니다.

인 상황이 달라지면서 투표로 선출된 대표가 국민을 대리하는 형태의 '간접민주주의'가 자리 잡았습니다.

현대에 이르러 민주주의는 단순히 정부의 형태가 아닌 포괄적인 개념으로 해석해야 합니다. 이념으로만 존재하는 '이상적 민주주의'도 있고, 실제 국가의 정치와 사회에 적용되는 '정책적 민주주의'도 있습니다. 사회·경제적인 개념으로 개인의 재산을 어떻게 판단하느냐에 따라 '사회적 민주주의' 혹은 '경제적 민주주의'로 구분하기도 합니다. 또한 현재 실행되는 민주주의에 '자유주의'를 결합한 '자유민주주의'라는 개념도 만들어졌습니다. 민주주의의 역사는 현재진행형이며 완벽한 민주주의, 절대적 민주주의는 존재하지 않습니다.

······

민주주의는
어떻게 만들어졌을까?

전 세계 역사를 살펴보았을 때 근대 이전까지는 신분제가 지배적인 사회였습니다. 대부분의 국가에서 각 신분이 제도로 법제화되어 있었고 자손에게 세습되었습니다. 신분제는 계급이 없던 원시공동체가 농경사회로 들어서고 사적 소유물이 생기면서부터 발생하게 되었습니다. 고대에는 노예와 주인, 중세에는 농노와 영주, 근대에는 노동자와 자본가로 형태는 달라졌지만 계급은 계속 존재했습니다. 지배계급은 생산자인 대중을 지배하기 위해 질서유지를 위한 제도를 만들었고, 이 과정에서 신분의 차이가 생기는 신분제가 사회제도로 정착되었습니다.

우리나라에서는 신석기시대 말기에서 초기 철기시대 무렵 농경사회가 성립하며 계급이 발생했습니다. 이때부터 지배계급과 피지배계급이 나뉘어졌습니다. 신라에서는 골품제가 시행되었으며 노비는 재산으로서 매매·상속·증여의 대상이었습니다. 고려시대와 조선시대를 거쳐 신분제는 더욱 확고해졌습니다. 조선의 지배층은 관직에 오르는 양반이 차지했습니다. 이후 신분제의 폐해로 고통을 겪던 농민들이 1894년 동학농민운동을 일으키며 신분제 폐지를 주장했습니다. 당시 지배층이던 양반과 유학자 대부분은 신분제 철폐를 반대했으나 농민의 세력은 점점 커졌습니다. 또한 개화파 정권이 성립하고 갑오개혁이 일어나며 뿌리 깊은 신분제가 무너져 내렸습니다.

오늘날 대한민국 헌법은 법적으로 모든 국민이 평등하다는 원칙을 내세우고 있습니다. 하지만 모든 국민이 법 앞에 평등하다는 민주주의가 실제적으로 자리 잡기까지 수많은 민중의 희생과 노력이 필요했습니다. 대한민국 임시정부 수립 후에도 실질적으로 자리 잡지 못한 민주주의를 위해 4·19 혁명, 5·18 민주화운동, 6월 민주항쟁 등 역사적 사건들이 일어났고 목숨을 걸고 참여한 국민들의 희생으로 대한민국의 민주주의는 오늘날의 형태로 자리 잡았습니다.

······

전자투표가 직접민주주의를
실현시킬까?

국민이 나라의 주인인 현대 민주주의 국가에서는 국민 개개인이 직접 권력을 행사하지는 않습니다. 투표로 대리인을 선출해 이들이 정책을 결정하도록 권리를 위임합니다. 앞에서 얘기했던 간접민주주의를 시행하는 것이죠. 대의민주주의라고도 합니다. 그런데 우리의 투표로 선출된 정치인이 민주주의의 실현에 얼마나 기여하고 있는가에 대해서는 회의적인 의견도 많습니다. 정치인이 투표자들이 원하는 방향의 정책을 얼마나 실행할지, 정부의 정책이나 국회의원들의 활동이 국민의 의사를 얼마나 반영할지 확신하기 어렵습니다. 권력을 이용해 개인적인 이득을 챙기는 부패 정치인도 있죠. 세계 곳곳에서는 기존 정치가들에 대한 국민의 불만이 커지면서 직접민주주의를 요구하는 목소리가 커지고 있습니다.

아직까지 우리가 투표를 하는 방식은 종이 투표지에 도장을 찍는 아날로그 방식입니다. 나날이 발전하고 있는 디지털 기술을 활용해 정책 결정 과정에 국민 개개인이 참여할 수 있다면 직접민주주의에 가까워질 수 있습니다. 온라인 투표소는 저렴한 비용으로 쉽게 만들

수 있고 투표자는 스마트 기기를 사용해 시간과 장소의 구애 없이 투표할 수 있습니다. 그러나 이러한 투표의 문제는 투표를 조작하는 부정선거나 해킹의 위험이 있다는 것인데, 최근 이슈가 되고 있는 **블록체인** 기술을 활용하면 해킹의 염려 없이도 투표가 가능해집니다.

현재 세계 곳곳에서 블록체인을 기반으로 한 정당과 투표 방식이 현실화되고 있습니다. 스페인 정당 포데모스Podemos는 2016년 스페인 내의 차별과 억압에 반대하는 시민혁명을 계기로 창당되었습니다. 이 정당은 블록체인에 기반한 의사 결정 구조를 도입해 민중의 지지를 받았으며 40년간 지속되던 양당 체제를 깨뜨리고 제3당으로 자리 잡았습니다. 포데모스의 운영 자금은 **크라우드 펀딩**으로 마련되며 당원들의 소통은 온라인 네트워크로 이루어집니다. 시민들은 포데모스의 온라인 공론장에서 질의와 문답이 가능하고 총선 후보 선거에서 온라인 투표를 할 수 있습니다.

블록체인 기술

여러 컴퓨터에 데이터를 동시에 보관하는 분산형 데이터 저장 기술입니다. 모든 사용자가 새로운 데이터를 공유할 수 있고 여러 대의 컴퓨터가 동시에 기록을 검증하기에 해킹을 막을 수 있습니다.

크라우드 펀딩

군중, 대중을 뜻하는 크라우드Crowd와 자금 조달을 뜻하는 펀딩Funding을 조합한 용어로, 자금을 필요로 하는 개인이나 단체가 대중을 대상으로 자금을 모으는 방식을 뜻합니다. 주로 트위터, 페이스북 등의 SNS와 온라인 플랫폼을 통해 이루어집니다.

스페인 정당 포데모스는 2016년 스페인 내의 차별과 억압에 반대하는 대규모 시민 혁명의 영향으로 창당되었습니다. ⓒ No-Mad

호주의 정당인 플럭스Flux도 블록체인 기반 투표 방식으로 모든 당원이 정책을 결정할 때마다 한 표를 행사합니다. 대표자는 당원들의 결정을 대변하는 역할만 담당합니다. 별다른 의견이 없다면 해당 사안에 관심이 많은 다른 당원에게 투표권을 양도하기도 합니다.

소련에서 독립한 작은 국가 에스토니아는 정부를 수립하기 위한 재정이 부족했는데 전자정부 구현으로 이를 해결한 대표적인 온라인 민주주의 국가입니다. 디지털 사회 구축을 목표로 내세우며 세계 최초 전자투표를 도입한 총선으로 정부를 구성했고 정부 기관 간 공유 플랫폼을 구축했습니다. 국민은 디지털 신분증을 통해 공공 행정 서비스의 99.5퍼센트를 온라인으로 이용할 수 있습니다. 블록체인에 기반하는 투표제와 직접민주주의는 이제 세계 많은 나라의 관심사입니다.

· · · · · ·

인공지능이 민주주의를
무너뜨릴지 모른다고?

2018년 4월 11일, 이스라엘의 역사학자 유발 하라리Yuval Harari는 캐나다 벤쿠버에서 열린 테드 콘퍼런스 무대에 홀로그램으로 등장했습니다. 그는 인간의 디지털화가 이렇게 빨리 현실이 될 줄 몰랐다면서 '당신의 데이터는 어떻게 파시즘을 작동시킬까?'라는 주제로 강연을 시작했습니다. 그는 이 강연에서 민주주의가 몰락할 수도 있다고 예측했습니다. 인공지능이 알고리즘을 통해 사람의 생각과 감정까지 조종하게 될 거라 말했습니다. 인간에 대해 우리 자신보다 더 잘 알고 있는 인공지능이 우리의 선택을 결정짓게 될 거라는 주장입니다.

우리는 지금도 유튜브에서 나의 성향과 선택들에 기반한 동영상을 추천받습니다. 온라인 쇼핑몰들은 광고에 내가 검색했거나 클릭했던 상품들을 띄워 놓습니다.

인공지능 연구소 네이버랩스유럽Naver Labs Europe 소속 연구원 크리스 댄스는 '주차 최적화 알고리즘'을 개발했습니다. 이 알고리즘은 실시간 교통 상황을 파악해 운전자에게 최적의 주차장을 안내해 줍니다. 운전자와 가까우면서도 요금까지 저렴한 주차장을 알려 줍니다. 이 시스템은 교통난으로 유명한 미국 로스앤젤레스에서 호평을 받고 있습니다. 주차 알고리즘은 운전자에게 가장 편하게 주차할 수 있는 곳에 대해 조언할 뿐이지만 실질적으로 운전자의 선택을 거의 결정짓습니다. 물론 주차를 어디에 할지, 어떤 상품을 구매할지 등 개인적인 고민과 결정은 사회에 큰 문제를 일으키지 않습니다. 그러나 정치·경제 분야, 특히 사회적인 반향이 큰 선거와 정책 결정에도 인공지능 알고리즘이 영향을 미치게 된다면 이는 매우 중요한 문제입니다.

유발 하라리는 강연에서 "자유민주주의가 직면할 최대의 위기는

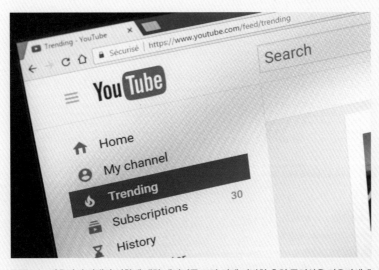

유튜브는 이용자의 선택과 성향에 대한 데이터를 모아 이에 기반한 추천 동영상을 이용자에게
제공합니다. © Pixinoo

정보기술 혁명으로 독재 체제가 민주주의보다 더 효율적으로 작동할 수 있다는 점이다"라고 말했습니다. 정보를 처리하는 방식으로 민주주의와 독재를 구분해 보자면, 민주주의는 분산형이고 독재는 중앙집중형입니다. 분산형인 민주주의는 개별 유권자들이 정보를 접하고 각자의 선호에 따라 사회를 만들어 갑니다. 그러나 인공지능은 엄청난 정보를 한 장소에서 매우 빠르게 처리할 수 있어서 중앙집중형 정보 처리를 매우 쉽게 만들고, 이는 독재에 매우 유리하게 작용할 수 있습니다.

중국을 보면 이러한 위험성을 더 실감할 수 있습니다. 최근 중국은 얼굴 인식 인공지능과 감시카메라를 결합해 전 국가적 감시 체제를 만들어 가고 있습니다. 〈뉴욕 타임스〉는 중국 전역에 이미 2억 대에 가까운 감시 카메라가 설치되어 있고, 2030년에는 3억 대까지 계속해서 늘어날 거라고 보도했습니다. 이러한 감시 체제를 통해 국민들의 개인정보를 관리하고 국민에게 제재를 가하는 **사회신용시스템**도 추진하고 있습니다. 중국에 있는 세계 최대 전자상거래 회사인 알리바바의 마윈 회장 역시 "빅데이터 시대에는 계획경제가 시장경제보다 우월해지는 상황이 올 것이다"라고 주장합니다.

미국 월간 과학 잡지인 〈사이언티픽 아메리

사회신용시스템

중국 국민이 평소에 한 행동을 신용평가 점수로 계산해 대출 자격 부여, 고속철도 이용 금지, 여행 금지 등의 상벌을 주는 제도입니다. 이를 위해 중국 당국은 개개인의 일상을 추적하는 CCTV, 얼굴 인식 기술 등의 감시 기술을 적극 활용할 계획입니다. 중국은 2020년까지 사회신용시스템을 도입하는 것을 추진하고 있습니다.

칸Scientific American〉은 2018년 2월 '빅데이터와 인공지능 시대에 민주주의는 살아남을 수 있을까?'라는 기사에서 미래 사회가 매우 복잡하고 빠르게 변해 가기 때문에 분산처리 시스템이 중앙집중처리 시스템보다 효율적일 것이라고 예상했습니다. 그러나 강력한 알고리즘이 사람들의 의사 결정을 조작하기 시작하면 복잡한 세계에 유연하게 적응할 수 있게 해주는 인간의 '집단지성'이 손상될 수 있다고 지적했습니다.

유발 하라리는 강연을 마무리하며 말했습니다. "우리 시대의 질문은 '누가 데이터를 통제할 것인가?'입니다." 이 질문의 답이 소수의 전문가들이나 정부가 된다면 미래의 민주주의는 몰락해 갈지도 모릅니다. 그래서 그는 엔지니어들에게 다음과 같은 부탁의 말을 남겼습니다. "정보를 분산처리하는 것이 집중처리하는 것보다 더 효율적일 수 있는 방법을 계속 찾아 나가야 합니다."

2019년 5월 OECD 연례 이사회에서는 회원국을 포함한 세계 42개 국가가 인공지능 개발이 인권과 민주적 가치, 다양성을 존중하는 방식으로 이루어져야 한다는 '인공지능에 관한 OECD 원칙' 권고안을 만장일치로 채택했습니다.

다가오는 인공지능의 시대에 우리의 삶은 어떻게 바뀌게 될까요? 유튜브에서 어떤 채널을 구독할지 결정하고, 온라인 쇼핑몰에서 어떤 상품을 장바구니에 넣는지와 같은 개인적인 선택부터 사회 전반적으로 작용하는 투표와 정책 결정까지, 인간의 선택은 온전한 의지로 이루어질까요? 민주주의는 계속해서 유지될 수 있을까요? 인류가 계속 고민해야 할 문제입니다.

빅데이터와 인공지능 시대에 민주주의는 살아남을 수 있을까요?

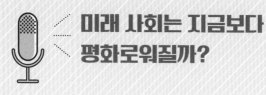

미래 사회는 지금보다 평화로워질까?

2045년 1월 5일   다른일보 이미래 기자

지구는 하나! 세계중앙정부 출범

2045년 세계는 드디어 공식적으로 하나가 되는 절차를 밟았다. 지난 세기 끊임없이 발생해 온 국제분쟁과 갈등을 뒤로하고 전 세계 273개국은 중앙정부를 세우는 데 동의했다.

세계중앙정부 1대 대통령으로 당선된 아프리카 코스타리카 출신의 카를로스 국제대통령은 취임식에서 아래와 같은 연설로 전 세계인에게 큰 울림을 주었다. "세계는 평화를 향해 가고 있습니다. 오늘 우리는 자신의 권리를 세계 평화와 인류를 위해 내려놓은 수많은 영웅의 희생으로 놀라운 변혁을 맞이했습니다. 이 변혁을 계속해서 성공적으로 이끌어 나가기 위해서는 지금 현재를 살고 있는 우리 모두의 노력과 희생이 필요합니다. 급격한 기후변화와 식량 부족, 끝나지 않은 정치와 종교 갈등, 인종차별과 난민 문제 등은 모든 인류가 힘을 합쳐 헤쳐 나가야 할 숙제입니다. 하나의 정부가 전 세계로, 전 세계가 하나의 나라가 되

어가는 기념비적인 이날에 아름다운 지구와 지구 반대편의
가족들을 생각합시다."

　세계중앙정부는 전 세계 지도자들이 모인 제39회 국제법
사위에서 국제분쟁의 종식과 환경문제의 심각성을 이유로
통과되었으며 전 세계인의 투표를 거쳐 2044년 8월 출범했
다. 세계중앙정부의 당면 과제는 국제헌법 제정과 국제법
전의 편찬이다. 이를 위해 각국의 국제법 전문가들이 모여
회의를 진행하고 있으며 회의 내용은 전 세계에 실시간으
로 중계되고 있다.

세계는 지금
얼마나 평화로울까?

세계가 얼마나 평화로운 상태인지 보여 주는 세계평화지수Global Peace Index라는 기준이 있습니다. 영국의 비영리 연구소인 경제평화연구소The Institute for Economic and Peace에서 내놓는 자료입니다. 군사 예산, 무기 수출, 전쟁 사상자, 폭력범죄와 조직범죄 수준, 잠재적 테러 위험, 사회·정치적 갈등 등 총 23개 지표를 종합해 평화를 수치화한 것입니다. 2018년 자료에 따르면 세계평화지수는 전년도에 비해 0.27퍼센트 떨어졌습니다. 상황이 나빠진 국가가 92개국, 개선된 국가가 71개국이었습니다. 가장 평화로운 나라 1위는 아이슬란드, 2위는 뉴질랜드이며 중립국으로 잘 알려진 스위스는 9위입니다. 대한민국은 47위입니다. 우리나라와 북한이 분단국가로서 지금도 군사적으로 대치하고 있기에 순위가 국민의 체감보다 꽤 낮은 편입니다. 우리는 평소에 전쟁과 테러 분쟁 등을 심각하게 걱정하며 살지는 않지만 한반도는 엄연히 휴전 상태의 분단국가입니다. 미국, 중국, 일본 등 강대국 사이에서 균형도 늘 고려해야 합니다. 따라서 우리나라는 외교가 매우 중요한 나라라고 할 수 있습니다.

국제분쟁을 겪는 나라는 우리나라뿐만이 아닙니다. 지금 이 순간에도 세계는 끊임없는 분쟁에 시달리고 있습니다. 단순한 정치·외교적인 분쟁이 아니라 생사를 오갈 만큼 심각한 전시 상황 속에 놓인 수많은 사람이 있습니다.

제2차 세계대전은 인류 역사상 가장 끔찍한 피해를 남긴 전쟁입니다. 5,000만 명이 넘는 사람들이 목숨을 잃었고 세계 곳곳은 폐허가 되었습니다. 1939년 9월 히틀러가 정권을 장악한 독일이 폴란드를 침략하고 이에 대항해 영국과 프랑스가 전쟁을 선포하며 제2차 세계대전이 시작되었습니다. 제2차 세계대전은 독일, 이탈리아, 일본을 중심으로 한 추축국 진영과 영국, 미국, 프랑스, 소련 등을 중심으로 한 연합국 진영으로 나뉘어 전 세계로 번졌습니다.

이탈리아와 독일이 연합국에 항복한 뒤에도 일본은 전쟁을 계속했습니다. 미국이 일본 히로시마와 나가사키에 원자폭탄을 터뜨리고 나서야 일본은 항복했습니다. 결국 1945년 8월 15일에 이르러 제2차 세계대전이 막을 내렸고 이때 대한민국도 일본의 식민 지배에서 벗어났습니다.

제2차 세계대전과 냉전 체제는 끝났지만 그 여파는 지금까지도 지속되고 있습니다. 정치뿐만 아니라 종교와 민족 등의 문제로 세계 곳곳에서는 여전히 분쟁이 끊이지 않고 있습니다. 과거에는 자원을 선점하기 위한 강대국의 식민지 점령, 냉전 시대처럼 이념 차이에 의한 갈등이 분쟁의 주요 요인이었다면, 최근에는 민족, 종교, 문화의 차이로 생기는 갈등이 더 두드러지고 있습니다.

역사가 깊은
국제분쟁

민족 간 갈등이 오래도록 이어지고 있는 대표적인 지역이 바로 지중해 동쪽에 있는 팔레스타인입니다. 가나안^{Canaan}으로도 불리는 이곳은 팔레스타인 사람들과 이스라엘 사람들이 오랜 싸움을 이어가고 있는 곳입니다. 기원후 70년 이스라엘이 로마제국에 의해 멸망하자 이스라엘 민족들은 세계 곳곳에 흩어져 살게 되고 유대인이라 불리게 됩니다. 한편 로마제국이 무너지자 아랍 민족인 팔레스타인 사람들이 이 땅에 들어와 살았습니다. 그러다가 19세기 후반부터 유대인들 사이에서 팔레스타인 땅을 되찾아야 한다는 시온주의^{Zionism} 운동이 시작되면서 유대인들이 팔레스타인으로 몰려들기 시작합니다. 유대인들이 팔레스타인 땅을 사들이고 점점 세력을 넓혀나가자 팔레스타인 사람들의 불만이 점점 커지게 됩니다. 유대교, 이슬람교, 기독교가 혼재하는 이곳에 영국, 미국 등 강대국들이 끼어들면서 갈등은 더욱 복잡한 양상을 띠게 됩니다. 전쟁이 네 차례 일어났으며 현재는 이스라엘이 80퍼센트 정도의 땅을 가지고 있습니다. 국제연합이 이들의 갈등을 완화하기 위해 적극적으로 개입해 1993년 화해와 공존을 합의하는 오슬로협정이 맺어졌습니다. 그러나 이 협정에 반발하는 무장 단체들의 테러와 또 그에 대한 반발 등으로 이곳의 분쟁은 현재진행형입니다.

팔레스타인은 민족 간 갈등이 오래도록 이어지고 있는 대표적인 지역입니다. © federico neri

중동 서아시아에 위치한 시리아는 북한과 같은 사회주의 국가입니다. 대한민국 외교부가 지정한 여행 금지 국가이기도 합니다. 그 이유는 시리아에서 벌어지고 있는 전쟁 때문입니다. 2011년 3월부터 지금까지 내전이 이어지고 있습니다. 이슬람교는 크게 수니파와 시아파로 나뉘는데, 시리아에는 다수의 수니파 사람들과 소수의 시아파 사람들이 함께 살아가고 있습니다. 제2차 세계대전 이후 1946년 독립 당시 소수파인 시아파가 정권을 잡았고, 알아사드 대통령은 사회주의 독재 정치를 시작합니다. 이에 따라 수니파 사람들이 억압을 받으며 인권을 짓밟히게 되었습니다. 알아사드 대통령이 죽고 그의 아들이 대통령직을 이어받은 후에도 이러한 탄압은 계속되었습니다.

2011년 이집트, 예멘 등 이웃나라에서 민주화 바람이 불기 시작하자 시리아에서도 학생들을 중심으로 시위가 시작되었습니다. 정부는 시위에 참가한 학생을 고문해 죽이기까지 하는 잔인한 진압을 시작했고, 시민들은 더욱 강하게 반발했으며 정부에 반발하는 군인들도 생겨나 반정부 세력이 만들어졌습니다. 미국, 터키, 사우디아라비아 등 반정부군을 지지하는 세력과 러시아, 이란, 중국 등 정부군을 지지하는 세력까지 끼어들어 시리아의 내전을 더 복잡하게 만들었습니다. 여기에 IS라는 무장 테러 단체가 시리아 북부를 점령하면서 상황은 더 나빠졌습니다.

시리아 국민의 고통은 점점 더 커져 가고 위험한 조국을 떠나 떠도는 난민은 갈수록 늘고 있습니다. 2011년 내전 발발 이후 37만 명 이상의 시리아인이 사망했고, 현재까지 난민 수는 1,300만 명에 이릅니다.

· · · · · ·

최근 발발한
국제분쟁

2019년 홍콩은 시위의 물결에 휩싸였습니다. 홍콩 시민들은 홍콩 정부가 추진한 〈범죄인 인도 법안〉이 중국 정부에 반대하는 인사들과 인권운동가들을 중국으로 불러들이는 데 사용될 수 있다는 위협을 느꼈습니다. 홍콩 정부는 계엄령에 가까운 긴급법을 발동했고, 강경한 대응에 들어갔습니다. 4월에 시작된 거센 시위는 5개월이 지나도록 이어지며 200만 명이 넘게 참여했고, 물리적인 충돌로 사상자들까지 발생하며 더욱 뜨거워졌습니다. 결국 홍콩 정부가 법안 추진을 중지하겠다고 발표하며 긴급한 사태는 일단락되었지만 홍콩 시민들은 민주주의에 대한 열망을 계속해서 표현하고 있습니다. 해외 여러 국가에서 홍콩 시민들을 지지하는 반응이 이어졌고 미국 역시 홍콩의 민주주의를 보호하는 법안을 통과시키며 민주화를 요구하는 압박에 들어갔습니다. 이에 중국 정부는 내정 간섭이라며 반발했고 미국과 중국 정부는 현재까지도 갈등 상태에 있습니다.

2019년 홍콩은 시위의 물결에 휩싸였습니다. ⓒ John YE

미국과 중국은 2018년부터 무역 분쟁도 계속하고 있습니다. 이는 미국의 트럼프 대통령이 중국 제품에 높은 관세를 부가하는 행정명령을 승인하면서 시작되었습니다. 이에 중국이 불편함을 표현하며 수출 제재조치를 취하는 등 갈등이 불거졌다가 2019년 10월 양국이 부분적인 합의를 하면서 잠시 소강상태에 접어들었습니다. 그러나 두 나라의 갈등과 분쟁은 앞으로도 계속 일어날 것으로 보입니다. 미국은 냉전 이후 전 세계에 막강한 영향력을 발휘해 왔습니다. 중국은 넓은 영토와 세계에서 가장 많은 인구를 바탕으로 급속도의 경제발전을 이루어 내고 있습니다. 두 나라의 힘은 앞으로도 충돌할 것으로 보입니다.

대한민국도 이러한 분쟁에서 자유롭지 않습니다. 이웃나라 일본과의 관계에서 특히 분쟁이 많습니다. 먼저 독도 영유권을 둘러싼 논쟁과 위안부 피해자들에 대한 보상 문제를 떠올릴 수 있습니다. 최근에는 우리나라 국민들이 일본 제품 불매 운동을 하며 자발적으로 펼친 일본과의 무역 전쟁도 생겨났습니다.

한반도가 남북으로 분단되어 있는 상황도 갈등과 분쟁을 초래할 수 있습니다. 2018년 3차 남북 정상회담으로 북한과의 관계가 많이 개선되었지만 세계 정세와 맞물려 돌아가는 남북 분쟁의 위험은 여전히 남아 있습니다.

국제분쟁의
변화 양상

최근에는 국가 간 전면전보다 테러가 초래하는 국제분쟁이 늘어나 안보를 위협하고 있습니다. 테러는 국가의 안보는 물론 민간인에게 심각한 피해를 입히고 위협이 되고 있습니다. 2001년 미국에서 발생한 9·11 테러가 대표적으로, 정치·종교·사상적 목적을 달성하기 위해 폭력적인 방법을 사용해 특정 국가와 민간인에게 큰 피해를 입힙니다. 이러한 무력 충돌 외에도 수출입을 통제하면서 생기는 무역 분쟁, 외교 분쟁, 문화 교류와 관계된 문화 분쟁 등도 국제분쟁의 모습입니다.

모든 분쟁이 그러하듯 국가 분쟁도 분쟁 당사국들의 타협과 양보가 있어야 해결될 수 있습니다. 국제사회에서는 대체로 외교를 통해 국가 간 논의와 조율이 이루어집니다. 외교관이 펼치는 외교 활동 외에도 국가 원수끼리 정상회담을 통해 만나거나 민간 차원의 문화와 스포츠 교류 등 다양한 형태의 외교활동이 이루어집니다. 이러한 활동을 통해 분쟁을 예방하거나 해결하고, 정치·경제적 이익을 얻을 수 있다는 점에서 외교의 중요성은 계속해서 커지고 있습니다.

국제분쟁을 다스리는
법과 기구

현대 사회는 인류 역사의 그 어느 때보다 국가 간 교류가 많습니다. 이뿐만 아니라 국제기구와 다국적 기업 등 전 세계를 무대로 활동하는 주체가 많습니다. 그래서 다양한 나라의 관계를 합리적으로 조정하고 분쟁을 해결하기 위한 국제법의 중요성은 더 커지고 있습니다. 그러나 국제법을 제정하는 입법기관이나 중앙정부는 아직 존재하지 않습니다. 따라서 비교적 최근까지 세계는 주로 국제법보다는 무력으로 하는 진압 또는 개별 국가 간 협상으로 분쟁을 해결해 왔습니다. 하지만 세계에서 가장 큰 국제기구인 국제연합의 영향력이 커지고, 많은 국가가 국제사회의 질서를 중요하게 여기게 되면서 갈등을 법적으로 해결하는 사례도 점차 늘어나고 있습니다.

국제사법재판소는 국가 간의 분쟁을 법적으로 중재하기 위한 국제연합 산하의 기관입니다. 제2차 세계대전이 끝난 1946년 네덜란드 헤이그에서 발족했습니다. 국가만이 국제사법재판소에 제소되는 당사자가 될 수 있습니다. 국적이 겹치지 않는 재판관 15명은 국제연합 총회와 안전보장이사회에서 선출합니다. 대한민국도 1991년 국제연합에 가입하면서 당사국이 되었습니다. 재판소의 심의는 비공식적으로 이루어지고 판결은 다수결로 이루어진 다음 공개 법정에서 낭독됩니다.

국제사법재판소는 분쟁을 겪는 국가에 권고적 의견을 부여할 수 있습니다. 권고적 의견이란 반드시 지켜야 한다는 구속력은 없지만 국제적인 영향을 미치는 법률적 판결입니다. 따라서 강제성이 없어 효과를 내지 못하는 경우도 생깁니다. 때로는 국제사법재판소의 결정에 강대국이 간섭해 권고를 받는 국가의 주권을 훼손하기도 합니다.

또한 최근 미국, 영국 등 강대국들이 자원과 환경, 난민 문제에 적극적으로 나서기보다는 자국의 이익을 보호하기 위한 방어적인 태도를 보이면서 국제법의 실효성에 대한 의문도 커지고 있습니다. 그럼에도 국제법은 앞으로 더욱 다양하고 복잡해지는 국제 관계를 위해 꼭 필요합니다. 구체적이고 평등한 법안과 구속력에 대한 전 세계의 합의와 노력이 계속되어야 할 것입니다.

······

미래 사회의
국제분쟁

미래 사회에 새롭게 부각될 것으로 예상되는 분쟁들도 있습니다. 나날이 심각해지는 기후변화와 환경 분쟁은 환경 보호와 경제 개발에 대한 각국의 입장 차이로 아직 실효성 있는 해결을 도모하지 못하고 있습니다.

특히 미국이 2019년 11월 **파리협약** 탈퇴를 선언하면서 난항을 겪고 있습니다. 북극의 빙하가 녹으면서 일어나게 될 해수면의 변화, 이로써 발생하는 자원의 분배와 활용에 대한 논란도 분쟁의 씨앗으로 남아 있습니다.

전 세계 시민이 인터넷으로 연결된 글로벌 사회에서는 저작권과 특허에 대한 분쟁도 자주 생겨날 것입니다. 휴대폰 산업계의 대기업인 삼성과 애플의 특허 분쟁과 같은 일들이 앞으로 더 늘어날 가능성이 있습니다. 또한 계속 늘어나고 있는 난민을 어떻게 수용하고 정착시킬 것인가에 대한 논쟁, 줄어드는 화석에너지가 초래하는 에너지 분쟁이나 신재생에너지 개발을 위한 경쟁 등도 가까운 미래에 일어나리라고 예상되는 분쟁들입니다.

미래에는 이런 분쟁들의 해결이 인류의 주요 과제가 될 것입니다. 평화를 추구하는 흐름에 따라 국제사법재판소의 판결과 권고의 영향력이 더 커져서 전 세계가 한 방향으로 나아가게 될까요? 아니면 자국의 이익 추구, 민족 갈등, 종교 갈등, 난민 문제, 환경보호와 개발에 대한 각국의 입장 차이 등으로 지구상의 분쟁은 앞으로도 계속될까요?

> **파리협약**
>
> 2015년 12월 프랑스 파리에서 채택된 국제연합의 기후변화 협약입니다. 2020년 이후부터 적용되며 지구 평균 온도가 2도 이상 올라가지 않도록 각국의 온실가스 배출량을 줄이자는 내용을 담고 있습니다. 선진국만 온실가스 감축의무를 이행했던 1997년의 교토의정서와는 달리 195개 당사국 모두가 감축 목표를 지키기로 약속한 협약입니다.

┤ 영화에서 발견하는 다양한 미래 ├

영화나 소설, 게임, 뉴스 등 우리가 흔히 접하는 매체와 콘텐츠에는 다양한 미래 사회의 모습이 묘사되어 있습니다. 그중에서도 가장 다양하고 과감한 상상을 펼치는 장르는 SF입니다. 상상 속 이야기라고 해서 허무맹랑한 것은 아닙니다. 실제로 세계적인 미래학자들이 모인 미국 하와이미래학연구소는 영화와 소설, 뉴스, 사람들의 생각, 연구 결과 등을 종합적으로 분석해 앞으로 다가올 가능성이 있는 미래의 종류를 총 네 가지로 분류했습니다.

상상을 시각적으로 구현한 영화와 드라마는 미래 사회의 다양한 가능성을 쉽고 재미있게 이해하게 해줍니다. 그럼 우리가 즐기는 영화에서 어떤 미래를 다루고 있는지 지금부터 살펴볼까요?

· 최첨단 과학기술과 엘리트가 이끄는 부유한 사회

엄청난 부를 창출하는 경제성장, 과학기술의 발달, 최첨단 로봇, 높은 빌딩 숲으로 이루어진 메가시티, 지금보다 더 빠르고 효율적인 교통…. 이는 대중 매체에서 가장 많이 등장하는 미래 사회의 모습으로, 미래학자들은 '중단 없는 성장 사회Continued Growth'라고 분류합니다. 경제성장이 계속되고 인구가 늘어나며 1퍼센트의 엘리트가 전체를 이끌어 나가는 사회죠.

이러한 미래가 배경인 영화로 어떤 작품이 떠오르나요? 많은 사람이 마블 영화 〈아이언맨〉 시리즈를 떠올릴 것입니다. 이 시리즈의 주인공 토니 스타크는 특수 합금 슈트를 입고 제트 비행을 하며 각종 센서로 어느 곳에서든 자유롭게 정보를 얻습니다. 이를 통해 인간의 육체가 지닌 한계를 훌쩍 넘어서 버립니다. 외계인은 물론 신과도 결투가 가능한 인간이라니…. 토니 스타크는 만화적인 상상과 미래에 대한 인간의 바람이 더해진 능력자 캐릭터입니다.

영화 〈레디 플레이어 원〉은 마치 실제처럼 생생한 가상현실 속을 살아가는 미래 인류의 모습을 담았습니다. 우리 현실에서도 가상현실 기기가 계속 개발되고 있으니 영화 속 이야기는 충분히 현실이 될 수 있는 상상입니다. 한편 영화 속 사회는 가상현실이 놀랍도록 활성화되어 있는 반면 실제 지구는 극심한 환경오염으로 재생을 멈췄습니다. 빈부 격차도 극에 달한 상태입니다. 중단 없는 성장 사회에서는 경제성장이 낳는 빈부 격차와 환경오염 등 부작용이 생겨날 수 있습니다. 이를 어떻게 해결해 나갈 것인지가 이 미래를 소망하는 인류의 중요한 과제입니다.

· 지구가 완전히 파괴되는 사회

여러 재난 영화를 떠올려 보면 완전히 파괴된 지구의 모습도 우리에게 낯설지 않습니다. 자연재해, 핵무기 개발, 국제분쟁, 바이러스 감염 등 현재 전 세계에 닥친 위협들을 생각한다면 인류가 사라지는 미래도 현실이 될 수 있습니다. 미래학자들은 이렇게 인류 문명이 멸망한 미래를 '붕괴 사회Collapse'라고 부릅니다.

영화 〈매드맥스: 분노의 도로Mad Max: Fury Road〉2015는 핵전쟁으로 인류가 멸망한 22세기가 배경입니다. 지구는 황폐해졌고 사막으로 변했습니다. 얼마 남지 않은 물과 기름을 차지한 독재자 임모탄은 살아남은 인류를 지배하고 학대합니다. 애니메이션 〈월-EWALL-E〉2008도 쓰레기섬이 되어 멸망한 2800년의 지구를 묘사합니다. 인류가 지구를 떠나며 남겨 놓은 폐기물 수거 처리용 로봇 월-E가 탐사용 로봇 이브를 사랑하게 되면서 펼치는 모험을 다루고 있습니다. 영화 〈인터스텔라Interstellar〉2014도 인류가 고난에 처한 2067년의 미래를 배경으로 합니다. 이 영화에서 인류는 기후변화와 병충해를 막지 못해 만성적인 식량 부족에 시달립니다. 과학기술도 이를 해결하기에 역부족이며 국가와 정부가 제대로 기능하지 못합니다. 전직 조종사였던 주인공은 인류를 구출하기 위한 프로젝트에 투입되어 사랑하는 가족을 두고 먼 우주로 떠나게 됩니다.

붕괴된 인류와 지구를 배경으로 하는 많은 작품은 살아남은 인류의 새로운 시작과 희망으로 마무리되는 경우가 많습니다. 붕괴 사회란 인류의 끝이 아니라 새로운 시작이기도 합니다.

• 지속 가능한 발전을 위한 질서와 도덕을 중시하는 사회

환경오염의 심각성은 꾸준히 제기되고 있습니다. 지금까지는 개발과 성장을 우선시해 왔다면, 이제 환경과 생태계를 지키는 방향을 모색해야 한다고 많은 사람이 말합니다. 이처럼 지속 가능한 발전을 중요시하는 사회가 바로 미래학자들이 분류한 세 번째 미래인 '보존 사회A Diciplined Society'입니다.

다큐멘터리 〈불편한 진실An Inconvenient Truth〉2006은 지구온난화가 낳는 환경문제를 적나라하게 다룹니다. 지구온난화가 현재와 같은 속도로 유지되면 지구 대도시의 40퍼센트 이상이 물에 잠기고 초강력 태풍, 대홍수, 극심한 가뭄 등이 곳곳에서 일어날 것입니다. 지금이라도 인류가 생활 방식을 바꿔 나가고 화석연료를 신재생에너지로 전환해 나간다면 아직 희망이 있습니다. 이 다큐멘터리는 다양한 사례를 들어 보존 사회의 가치와 필요성을 거듭 강조합니다.

영화 〈패신저스Passengers〉2016는 5,000명의 인류가 새로운 행성을 찾아 떠나는 우주 수송선 안에서 시작됩니다. 90년이라는 긴 수송시간으로 모든 승객이 동면하고 있던 중 한 남성이 깨어나고 홀로 된 남성은 마음에 드는 한 여성을 깨우고 맙니다. 두 주인공은 여러 가지 일을 함께 겪던 도중 우주선에 오류가 있어 잠자고 있는 모든 승객이 죽게 될 것임을 알게 됩니다. 두 사람은 목숨을 걸고 오류를 해결하고 나머지 인류를 위해 우주선 내부를 지구와 닮은 자연환경으로 가꾸어 놓습니다. 이 영화는 보존 사회의 모습을 직접적으로 다루고 있지는 않지만 후대를 살아갈 사람들을 위해 시간과 노력을 투자하는 모습을 보여줍니다. 질서와 제도 확립, 규율 준수 등으로 미래 세대에게 물려줄 만한 지구환경을 만드는 것은 보존 사회의 중요한 가치관입니다.

• 인간과 기계가 하나로 융합하는 사회

미래학자 레이 커즈와일Ray Kurzweil은 2045년 즈음에는 인간이 기계와 융합해 영원히 살 수 있을 거라고 말합니다. 그의 이야기는 아직은 낯설고 황당하게 느껴지기도 합니다. 그러나 기술의 발전 속도를 생각하면 인간이 최첨단 과학기술을 활용해 새로운 인류로 재탄생하는 미래는 충분히 현실이 될 수 있는 미래입니다. 이러한 미래를 미래학자들은 '변형 사회A Transformational Society'라고 부릅니다.

영화 〈트랜센더스Transcendence〉2014의 주인공인 천재 과학자 윌은 인간이 쌓아 온 지적 정보에 자각 능력까지 갖춘 슈퍼컴퓨터 트랜센던스를 완성시키려다 목숨을 잃게 됩니다. 그러자 그의 연인이 윌의 뇌를 컴퓨터에 업로드해 인공지능과 결합하게 합니다. 인공지능과 하나가 된 윌은 인간의 육체로 하지 못하는 일들을 척척 해내지만 사람들의 의식까지 통제하려 하며 주변 사람들에게 점점 두려움을 안겨 줍니다.

영화 〈그녀Her〉2013는 인공지능 운영체제와 대화를 나누며 사랑에 빠지게 되는 남자의 이야기입니다. 인공지능이 인간의 감정에 공감하고 진심으로 대화를 나눌 수 있다면 인간은 인공지능과도 사랑할 수 있을까요? 영화 〈A.I〉2001에서도 감정이 있는 로봇이 인간과 관계를 맺는 모습을 보여 줍니다. 이 영화들의 주제와 관점은 각각 다르지만 공통적으로 변형 사회가 인류의 삶을 어떻게 바꾸어 놓을지 상상하게 해줍니다.

이외에도 수많은 영화, 소설, 게임, 뉴스 등에서 미래 사회를 다양하게 묘사하고 있습니다. 앞으로의 변화와 미래 사회에 관심이 있다면 여러분이 즐기는 콘텐츠가 어떤 미래 사회와 가까운지 스스로 분석해 보세요. 더 나아가 여러분은 어떤 미래를 원하는지, 그 미래에서 어떤 존재가 되고 싶은지 생각을 정리해 보세요.

참고 자료

도서

- 구정화 지음, 《청소년을 위한 사회학 에세이》, 해냄
- 김교성 외 지음, 《기본소득이 온다》, 사회평론아카데미
- 마크 제롬 월터스 지음, 이한음 옮김, 《에코데믹, 새로운 전염병이 몰려온다》, 북갤럽
- 스티븐 핑거 외 지음, 전병근 옮김, 《사피엔스의 미래》, 모던 아카이브
- 박경태 지음, 《소수자와 한국사회》, 후마니타스
- 박영숙, 제롬 글렌 지음, 이희령 옮김, 《세계미래보고서 2020》, 비즈니스북스
- 박영숙, 제롬 글렌 지음, 이영래 옮김, 《유엔미래보고서 2050》, 교보문고
- 박흥순 외 지음, 《국제 기구와 인권·난민·이주》, 오름
- 유발 하라리 지음, 조현욱 옮김, 《사피엔스》, 김영사
- 이찬수 외 지음, 《세계의 분쟁》, 모시는사람들
- 조지프 나이 지음, 양준희, 이종삼 옮김, 《국제 분쟁의 이해》, 한울
- 필리프 판 파레이스 외 지음, 홍가빈 옮김, 《21세기 기본소득》, 흐름출판
- 클라우스 슈밥 외 지음, 《4차 산업혁명의 충격》, 흐름출판
- 한국인터넷진흥원, 2045 인터넷@인간·사회 연구회 지음, 《2045 미래사회@인터넷》, 진한엠앤비

보고서

- 보건복지부(2019). 〈2019 국제 인구 컨퍼런스 결과보고서〉
- 보건복지부(2017). 〈2017년 장애인 실태조사〉
- 서울시복지재단 정책연구실(2019). 〈4차 산업혁명 시대 서울시 복지서비스 발전방안 연구〉
- 유엔난민기구(2018). 〈2018 글로벌 연례보고서〉

- 유엔난민기구(2019). 〈2019 글로벌 연례계획서〉
- 이봉주, 장희선, 신원영, 굿네이버스(2018). 〈2018 대한민국 아동권리지수 연구〉
- 정보통신정책연구원(2011). 〈스마트-소셜 시대의 민주주의와 거버넌스〉
- 한동숙(2018). 〈우리나라 고령화와 고용정책〉, KIPF 조세재정 브리프, 통권 제74호.
- 통계청(2019). 〈2019년 노인 실태조사〉

논문
- 손현주(2019). 〈인공지능 거버넌스와 민주주의의 미래〉. 사회사상과 문화, 22(2), 305-349. 동양사회사상학회.
- 윤인진(2000). 〈한국 사회의 배타성 : 소수차별의 메카니즘〉. 사회비평, 25, 24-36.
- 양은정, 김정연, 조신형, 박미연(2016). 〈최근 말라리아 백신 개발현황〉. 주간 건강과 질병, 8(26), 601-608.
- 박진아(2012). 〈국제보건규칙(2005)상의 전염병 통제 보건조치와 인권의 보호〉. 국제법학회논총, 57(2), 63-89. 대한국제법학회.
- Jiyeon Kweon, Yongsub Kim(2018). High-throughput Genetic Screens using CRISPR-Cas9 System. Archives of Pharmacal Research, 41, 875-884.
- Kyros Kyrou, Andrew M Hammond, Roberto Galizi, Nace Kranjc, Austin Burt, Andrea K Beaghton, Tony Nolan, Andrea Crisanti(2018). A CRISPR-Cas9 gene drive targeting doublesex causes complete population suppression in caged Anopheles gambiae mosquitoes. Nature Biotechnology, 36, 1062-1066.
- Yeoeun Jung(2017). Guaranteed basic income and its applicability in Korea in the era of the fourth industrial revolution. 경희대학교 평화복지대학원 석사학위 논문.

웹사이트
- 공공데이터포털
  https://www.data.go.kr/index.do
- 기본소득한국네트워크

https://basicincomekorea.org
- 유엔난민기구 홈페이지

  https://www.unhcr.or.kr/unhcr/main/index.jsp
- 통계청 홈페이지

  http://kostat.go.kr/wnsearch/search.jsp
- 한국민족문화대백과사전

  http://encykorea.aks.ac.kr
- 한국보건사회연구원 유튜브

  https://www.youtube.com/channel/UCXMwz9MaMr5wH-koNRm7tNww&

  feature=youtu.be
- E-나라지표 국정 모니터링지표

  http://www.index.go.kr/main.do?cate=1
- EU Open Data Portal

  https://data.europa.eu/euodp/en/home
- EBS 다큐시선 〈노인을 위한 나라는 있다〉

  https://www.ebs.co.kr/tv/show?prodId=123937&lectId=20128630
- EBS 다큐프라임 〈민주주의〉

  https://www.ebs.co.kr/tv/show?prodId=348&lectId=10518677
- OECD Data

  https://data.oecd.org/education.htm
- SBS 창사특집 대기획 〈수저와 사다리〉

  https://www.youtube.com/watch?v=k7rXwBQLlS8
- Vox 유튜브 "The bold plan to end malaria with a gene drive"

  https://www.youtube.com/watch?v=POHPHUzsHbI

기사

- 〈'난민기자'가 예멘 난민을 취재하다〉, 시사인, 2019.6.18.
- 〈미국 스톡턴 시의 기본소득 실험… "현금 줬더니 더 나은 일자리 구해"〉, 경향신문,

2020.2.26.

- 〈세계는 지금 기본소득 실험 중〉, 시사인, 2016.9.7.
- 〈스위스 글라루스 주민총회 현장을 가다〉, 오마이뉴스, 2010.5.14.
- 〈에이즈, 결핵, 말라리아 없는 세상〉, 한국일보, 2020.1.6.
- 〈인공지능에게 민주주의를 맡기시겠습니까?"〉, 시사인, 2018.9.3.
- 〈"인공지능, 인권·민주주의 존중해야" 국제사회 AI원칙 첫 채택〉, 연합뉴스, 2019.5.22.
- 〈인종차별 데이터는 인종차별보다 더 무섭다〉, 한겨레, 2019.12.15.
- 〈진보정치의 진화, 포데모스의 정당 시스템〉, 레디앙, 2016.10.28.
- 〈4 billion people still don't have internet access. Here's how to connect them〉, World Economic Forum, 2016.5.11.
- 〈How artificial intelligence systems could threaten democracy〉, The Conversation, 2019.4.22.

교과 연계

찾아보기

다른 포스트

뉴스레터 구독신청

2040년이 보이는
미래 사회 설명서 ③

초판 1쇄　2020년 6월 15일
초판 2쇄　2023년 4월 28일

지은이　　김지원

펴낸이　　김한청
기획편집　원경은 차언조 양희우 유자영 김병수 장주희
마케팅　　현승원
디자인　　이성아 박다애
운영　　　최원준 설채린

펴낸곳 도서출판 다른
출판등록 2004년 9월 2일 제2013-000194호
주소 서울시 마포구 양화로 64 서교제일빌딩 902호
전화 02-3143-6478　**팩스** 02-3143-6479　**이메일** khc15968@hanmail.net
블로그 blog.naver.com/darun_pub　**인스타그램** @darunpublishers

ISBN 979-11-5633-288-6 44300
　　　979-11-5633-285-5 (세트)

다른 생각이
다른 세상을 만듭니다